【无形期货实战系列】

一年十倍的

期货操盘策略(八)：期货量价实战分析

无 形◎著

中国经济出版社
CHINA ECONOMIC PUBLISHING HOUSE
·北京·

图书在版编目（CIP）数据

一年十倍的期货操盘策略．八，期货量价实战分析／
无形著．－－北京：中国经济出版社，2023.1
ISBN 978－7－5136－7134－7

Ⅰ.①一… Ⅱ.①无… Ⅲ.①期货交易—基本知识
Ⅳ.①F830.9

中国版本图书馆 CIP 数据核字（2022）第 194755 号

策划编辑　余静宜
责任编辑　耿　园
责任印制　马小宾
封面设计　任燕飞工作室

出版发行　中国经济出版社
印 刷 者　北京艾普海德印刷有限公司
经 销 者　各地新华书店
开　　本　710mm×1000mm　1/16
印　　张　15.5
字　　数　237 千字
版　　次　2023 年 1 月第 1 版
印　　次　2023 年 1 月第 1 次
定　　价　58.00 元

广告经营许可证　京西工商广字第 8179 号

中国经济出版社 网址 www.economyph.com 社址 北京市东城区安定门外大街 58 号 邮编 100011
本版图书如存在印装质量问题，请与本社销售中心联系调换（联系电话：010－57512564）

前言　量能帮你看透主力操盘的底牌

　　每位投资者都希望能够在主力入场后及时跟进，在主力奋力推动价格大幅上涨时坚定持仓，在主力出货时及时平仓退场，紧盯主力的一举一动，始终跟随主力同步操作，把握获利良机、第一时间规避风险。这样的愿望能够实现吗？答案是肯定的！这是笔者写作本书的重要目的之一——教会投资者如何与主力共舞。

　　无论是在期货市场还是在股票市场，主力都客观存在。他们或是投资者所熟知的阳光资金，或是带有稳定市场、调节市场、引导市场的幕后性质；他们实力大小不一，操盘能力也不同。

　　有能力的主力，操盘如行云流水，使得价格带着美感、有韵律地起伏波动，这是投资者要坚定跟随的主力。操盘能力低下的主力，会因为种种原因使价格脱离控制、价格波动失去规律，这样的主力是投资者一定要主动回避的。

　　我们不知道主力姓甚名谁，也无法准确知晓其具体操作，但是，远超过普通投资者资金量的大量资金入场或是离场，必然会在市场上留下明显的技术痕迹——放量（成交量放大）！没有主力资金而只有普通投资者进出交易时，成交量往往都很小，即使偶有大户进出操作，也仅仅会使成交量暂时放大，很难出现持续的放量。而主力的巨量资金入场时，就会打破当前市场成交量的平衡，成交量必然会出现明显放大。介入的资金越多，成交量柱体便越高；入场的行为越持续，成交量的放大便越密集。

　　主力资金建仓之后洗盘时，由于资金并没有离场，因此在调整出现的同时，必将形成缩量（成交量缩小）现象。缩量将主力锁定在了场中，无论主力是根本不想出货，还是想出却没有机会、没有条件出货。原因很简单，假设主力资金持仓十万手，如何在每分钟只有几百手成交的缩量状态下顺利脱身呢？

主力资金出货需要满足种种条件。首先，要摆脱成本区间产生盈利。主力盈利越多，出货时就越肆无忌惮。其次，价格的波动比较剧烈。只有剧烈的波动才会引来大量投资者跟风入场；若是价格表现平平，投资者的操作兴趣便会大减，主力资金出货时就没有足够的承接盘。当气氛被挑起来之后，只要主力资金开始出货，成交量必然会在高位放大，并且主力出货越积极，K线就越容易收出大实体的阴线。

由此可见，主力无论进行哪种操作，都必然会在成交量上留下明显的痕迹。投资者只要学会对价格和成交量的技术形态进行综合分析，就可以准确判断出主力的操盘意图，相当于看透了主力的底牌，占据了绝对的主动。

我们不要想着打败主力，因为主力给我们带来了盈利的机会，我们要做的，是通过不断学习提高识破主力操盘意图的能力和通过不断学习提高及时跟随主力的能力。这正是本书给各位读者朋友带来的帮助。愿各位读者朋友在未来的期货交易过程中，能够秉承"量价分析不离场"的理念，将投资计划制订得更加完善！

为回报各位读者朋友，凡购买"一年十倍的期货操盘策略"系列图书的，均可联系笔者助手李助教，免费领取20个内部培训视频课件，以使您可以学到本书以外的、更精彩的交易操作技巧。同时，笔者团队的微信公众号"股期大讲堂"每天都会更新投资方法、理念等学习资料，大家可以多多关注、持续学习。希望这些公开的视频课程及文字教学资料可以进一步帮助各位读者朋友树立正确的交易理念并加深对市场的认知。如您需要进一步学习核心操盘方法，我们还提供多种极具实战性的内部实盘直播培训课程，可根据自身需要进行学习。

笔者团队联系方式：

手机和微信：18588880518；

QQ：987858807（李助教）；

微信公众号：搜索"股期大讲堂"或扫描下方二维码。

无　形

2022 年 4 月 25 日

1 成交量对期货交易的影响

　　成交量分析为什么重要呢？因为成交量反映了资金的进出状态，反映了资金操作的主动性。成交量低迷的区间，必然是资金操作消极的区间，价格的波动没有得到资金的积极推动，波动的幅度必然是极小的，在这个区间操作，投资者将很难获得较大的盈亏比。一旦成交量明显放大，就意味着资金大举介入，价格的波动幅度将是非常大的，很容易给投资者带来好的操作机会。

　　无论在什么市场进行操作，虽说只看 K 线就可以执行交易，但若结合成交量进行分析，就会得出更精确的结论，与市场的真实状况更为契合，从而可以更好地指导实战。

　　在对成交量进行分析并指导操作之前，一定要了解成交量与期货交易之间的关系，正确理解成交量的作用，只有这样才能将成交量分析的优势完全发挥出来。

1.1 成交量只在短周期 K 线中有效

股票市场上对成交量的分析有一整套体系：价格放量上涨与缩量上涨有着完全不同的解读方式；不同位置的放量与缩量都有可能是资金在加仓或出货；相似的走势面对不同的量能形态，又有着完全不同的分析思路。因此，股票市场中对成交量的分析是较为复杂的，投资者必须深入学习才能彻底掌握。

而在期货市场中对成交量进行分析就简单一些。对常规的量能形态和不同位置的成交量变化都有固定的解读方式，学习起来难度较低，并且容易掌握。而当成交量规律性不强难以解读时，可以完全忽视成交量的变化，只看 K 线形态进行操作。

在股票市场中，无论什么周期的 K 线都有必要结合成交量进行分析，成交量分析适用于任何周期，但在期货市场中，成交量分析只适用于短周期 K 线，如周期在 5 分钟以内的 K 线。周期越长，成交量分析的作用就越小。若查看 30 分钟、60 分钟或日 K 线图便可以看到，成交量基本没有任何规律性变化，自然也就没有参考价值。

在图 1-1 中，每当阴线出现时，成交量便随之放大，当小幅反弹走势出现时，成交量明显萎缩。成交量随着价格的下跌与反弹而放大和萎缩，规律非常明显。正是在这种明显的量能规律的促进下，价格的下跌才动力十足。

放量说明资金在积极入场。虽然此时也有多方资金介入，但由于价格在下跌，只能说明做空行为占据了上风，资金入场的目的是做空。因此，在放量区间应当积极持仓，而在缩量区间则应当寻找机会入场做空。在 1 分钟 K 线图中，这种规律的量能形态随处可见，带来的操作机会自然也很多。

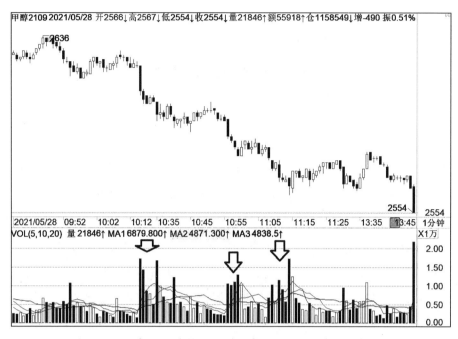

图 1-1　甲醇 2109 合约 2021 年 5 月 28 日 1 分钟 K 线走势图

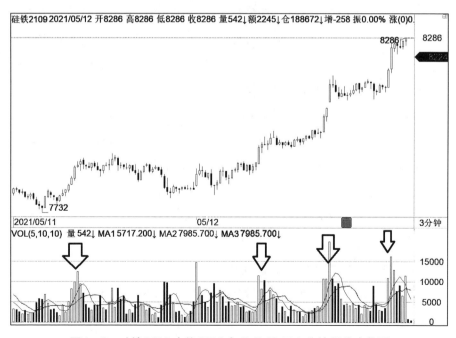

图 1-2　硅铁 2109 合约 2021 年 5 月 12 日 3 分钟 K 线走势图

图1-2中出现了一轮持续上涨的行情。价格为什么走得这么好呢？因为在上涨过程中，成交量保持放大的状态，有力地证明了随着价格一波波地上涨，有资金在积极地入场操作。

价格上涨时成交量明显放大，调整走势出现时成交量明显萎缩，规律非常明显，可见，不管是1分钟K线还是3分钟K线，在行情启动时，有规律的成交量形态都会经常出现。

图1-3　纸浆2107合约2021年5月27日5分钟K线走势图

在图1-3中，价格在几天内连续下跌。行情走得这么长远，与一波波放大的成交量有着直接的关系。

成交量的放大与萎缩体现了资金的进出状态。每当下跌走势出现时，成交量就会放大，说明资金做空的态度非常坚决且愿意积极参与其中，量能的放大也因此呈现出明显的规律性。这种规律性恰好可以用在实战分析中：放量形成时积极持仓，缩量反弹时寻找机会入场。在短周期K线图中，量能的常见规律就是"放量下跌—缩量反弹—放量下跌"，因此，放量与缩量的节奏性为入场决策提供了极大的帮助。

在1分钟、3分钟及5分钟K线图中，成交量的变化有着明显的规律性，那么在长周期 K 线图中，成交量的变化又将如何呢？下面结合长周期 K 线的案例进行分析。

图 1-4　螺纹钢 2110 合约 2021 年 5 月 31 日 30 分钟 K 线走势图

在图 1-4 中，在价格上涨过程中，虽然也有成交量放大的迹象，但从整体走势来看，量能放大与萎缩的规律性并不明显，相比短周期 K 线图显得杂乱了许多，只在 5 月下旬价格下跌的过程中出现了连续的放量下跌与缩量反弹的规律，但也只保持了较短时间。量能一旦变得没有规律，也就失去了分析的价值。可见，30 分钟 K 线图中的量能分析价值即使有，也并不是很大。很久才出现一次有规律的量能变化，对于实战操作来说，这就意味着会丢失许多操作机会。因此，在 30 分钟 K 线图中，只看 K 线形态进行操作才是最合适的。

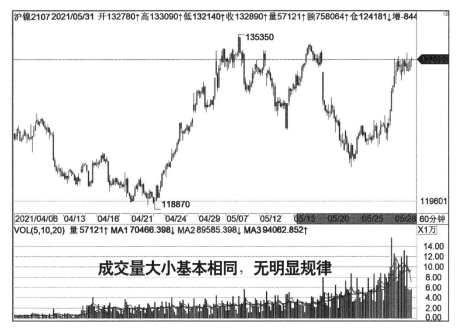

图 1-5 沪镍 2107 合约 2021 年 4 月至 5 月 60 分钟 K 线走势图

在图 1-5 中，曾有一段时间，无论价格是下跌还是上涨，成交量大小始终基本相同。面对这种每根成交量柱体都基本一样高的形态，相信任何人都无法作出判断。这种量能变化就是长周期 K 线图中最典型的无规律变化。不管是成交量还是 K 线形态，只要规律性不强，都不值得浪费时间去分析。

在图 1-5 中最右侧，成交量出现了放大，是不是就意味着出现了规律性的变化形态？并不是。此时成交量的连续放大是因为沪镍 2107 合约进入主力合约阶段，资金纷纷前往该合约进行操作。此时的放量虽然与短周期 K 线图中的放量一样，都是因为资金在介入，但此时不管价格怎么波动，成交量都会一直放大，直到主力合约切换到下一个月。

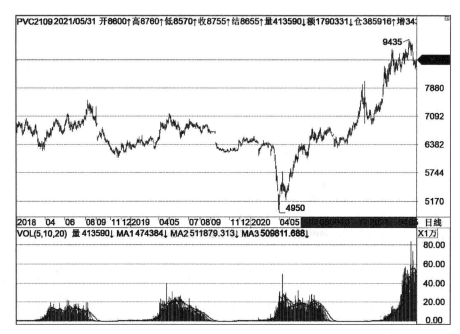

图1-6　PVC 2109合约2018年至2021年走势图

在图1-6中，成交量的形态是一堆一堆的，该如何解读呢？这刚好意味着期货合约进入主力合约时成交量较为活跃，在非主力合约期间成交量稀少。

当期货合约将要成为主力合约时，成交量从极少开始慢慢放大。这种放量是资金不断集中造成的，会一直延续，不会萎缩。在期货合约处于主力合约期间时，成交量会无规律地放大，有时始终一样，有时散乱放大，总之，找不到任何规律。而当主力合约换季时，成交量持续萎缩。

从开始的缓慢放大，到中间的持续放大，再到最后的持续萎缩，成交量呈现出一堆一堆的、无规律的形态。由此可见，日K线的成交量同样不能为实战操作提供帮助。

对比短周期K线图中的成交量与长周期K线图中的成交量可以发现，只有在短周期K线图中，成交量才会经常出现规律性变化，对投资者的分析起到重要的参考作用。以后读者朋友们使用成交量分析期货市场时，一定要基于短周期K线图。

1.2　"量"重要还是"价"重要？

投资者应当听过这样一句话："量在价先。"这句话的意思是，资金的进出行为肯定会先于价格的上涨或下跌，资金先入场做多，而后价格才会上涨。这跟开车的原理是一样的，先踩下油门，车才会加速跑起来。另外，我们常说的是"量价分析"，而不是"价量分析"。那么，这是不是意味着成交量比价格更重要呢？

其实并不是这样。成交量是一个重要的分析辅助项，就好像拐杖一样，没有它人们照样可以正常行走，但有它可以走得更稳。在期货市场的长周期交易过程中，成交量分析没有任何意义，投资者只能对 K 线形态进行分析，但这并不影响操作的效果。

价格的走势形态是最核心的，是所有分析工作的根本所在。各类技术指标也好，成交量也好，都只起到锦上添花的作用。最简单的一个解释：挡住成交量，只看 K 线形态，并不会影响投资者对价格后期波动状况的分析；但若忽视价格，只看成交量，无论是谁都无法进行操作，即使是经验丰富的投资者也只能说出"成交量放大区间价格波动剧烈，成交量萎缩区间价格波动平缓"而已，至于是涨是跌，如果不看成交量柱体是阴量还是阳量，就无法作出判断。

成交量虽然是资金进出的体现，但资金的交易意图最终要体现在价格变化上。因此，只盯价格的变化形态，只看 K 线图是完全可以的。成交量有它的作用，说它无用不对，但说它作用巨大，在期货市场中过分抬高它的地位也不正确。合理分析成交量与价格的各种配合状态才是最理性的。

了解了这些，投资者以后就不会再有"量"重要还是"价"重要的疑问了。"价"当然是最重要的，成交量与其他各类技术指标处于同等地位，有了它，分析结论将会更贴近市场的真实波动，但不结合它进行分析，只看 K 线，照样可以很好地操作。

图 1-7　铁矿石 2109 合约 2021 年 6 月 21 日 1 分钟 K 线走势图

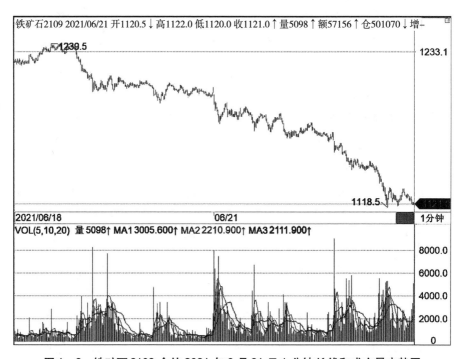

图 1-8　铁矿石 2109 合约 2021 年 6 月 21 日 1 分钟 K 线和成交量走势图

在图1-7中，价格出现了一轮持续下跌的走势。图1-7中没有显示成交量，但这并不影响我们对价格走势的判断。

下降趋势形成之后，常用的操盘手法有两种，即突破做空及趁反弹高点做空。K线形态的变化完整地将资金的交易意图表现出来，资金积极做空就必然会在下跌的中途留下一个个的介入点，只看K线图，就可以轻松识别哪里是突破介入位，哪里是合适的反弹高点做空点位。

而图1-8补充显示了成交量的变化，对价格波动性质的判断更加精准。资金在哪里积极地进行操作，在哪里停止了操作，都非常直观。由此可以看到，不结合成交量其实也可以知道该在哪里进行操作，而结合成交量进行分析，就可以对价格的波动方向作出更精准的判断，起到了锦上添花的作用。

结合成交量进行分析，投资者便可以轻松地判断出未来价格进一步下跌的空间。如果下跌时放量，则后期价格下跌的空间可能更大；如果下跌时成交量没有放大，则可以降低收益的预期。还可以通过反弹时成交量是否萎缩来判断价格后期继续下跌的概率大小。若形成缩量反弹，则价格继续下跌的概率大；若形成放量反弹，则不仅不可以做空，还应当留意价格持续上涨的风险。

"量价分析不离家"指的就是这种分析效果。成交量直观地反映了资金进出交易的活跃程度，价格直接反映了资金操作的意图，两者结合起来就会使分析结论与价格的真实波动更加贴近。

图 1-9　螺纹钢 2110 合约 2021 年 6 月 16 日 1 分钟 K 线走势图

在图 1-9 中，价格上涨时的技术形态较为简单，虽然出现了多次调整的走势，但是每一次调整回落的幅度都很小，这就使得持仓操作与突破操作非常容易进行。

在这种简单的上涨形态中，成交量显得可有可无。越是形态简单的走势，成交量的作用越小，因为多空力量的对比非常明显，资金的积极做多的意图完全显示在了价格的变化上。价格总是小幅地调整，更大幅度地上涨，这必然是资金大力度做多的结果。

在图 1-10 中，如果将成交量纳入分析，持仓的操作与突破介入点的位置并不会因为结合了成交量而有所变化，单看 K 线时制定的操作策略也不会因为成交量的显现而有所改变。

只不过结合成交量可以更加清晰地看出在上涨过程中资金是如何积极入场的，以及在调整过程中资金是如何沉淀下来等待又一次做多的机会的。在持仓的过程中，面对上涨放量、调整缩量的完美量价配合形态，应当坚定地持有多单，收益预期也可以放得大一些。

通过一个上涨、一个下跌的案例可以看到，成交量对分析结论的影响不大，但可以提升分析结论的质量。成交量跟其他技术指标一样，都只是

图 1-10　螺纹钢 2110 合约 2021 年 6 月 16 日 1 分钟 K 线和成交量走势图

重要的辅助。请一定记住：价格为主，成交量为辅，切不可搞反主次顺序。

1.3　成交量与买卖点的关系

很多投资者在确定买卖点位置时，都喜欢结合成交量的变化进行综合分析。例如，放量的突破是"真"的，缩量的突破由于没有得到资金的支持所以可能是"假"的。诸如此类的说法很多，那有没有道理呢？在笔者看来，这样的说法是片面的。

以突破为例，有放量的"真"突破——在放量突破形成的那一刻入场便可实现不错的收益，也会有放量的"假"突破——一旦在放量突破时入场就会买在高点产生亏损。而无量突破的走势同样是有"真"有"假"，有无量的"真"突破，也有无量的"假"突破。

其中的原理是：有的买卖点在形成时恰好得到了市场资金的同步认可，因此形成了放量的状态，从而形成了放量突破的真实买点。而有的买卖点在形成的那一刻，资金并没有同步认可，而是在买卖点形成之后资金才意识到机会来了从而入场操作，也就是说，资金的认可落后于买卖点的形成，因此没有出现放量的现象。但是，这样的买卖点同样是真实的，可以带来盈利的机会。所以，放量可以形成真实的买卖点，而缩量也会形成真实的买卖点。

而假信号实在是期货市场上太正常的现象了。如果把所有的信号汇总在一起便可以发现，一半是真，一半是假。所以，不必浪费精力去研究假信号为什么是假的，而应当将精力放在研究当假信号出现时，如何减少亏损。只有这样才可以实现"形态成功时赚得多，形态失败时亏得少"的完美交易结局，从而奠定盈利的基础。

那么，成交量与买卖点到底有怎样的关系呢？其实没有任何关系！成交量分析更多的是对价格的波动走势作出预判，研究当前价格的波动性质，从而找到可以介入的区间。而具体的介入点有没有放量现象，并不重要，投资者也不必纠结于此。对于实战操作而言，成交量的分析主要用于开仓之前对价格波动性质的分析，以及开仓之后对持仓方法的调整。

在图 1 - 11 中，价格开盘上涨之后出现调整，价格重心暂时走低，暴露出第一阶段上涨行情的高点。一旦见到高点形成，就需要密切留意价格后期上涨时出现的突破买点走势。

缩量调整延续了一段时间之后，价格向上创出了新高。在创下新高的那根阳线上，成交量明显放大，相比调整区间的量能明显放大了不少。这说明突破走势形成时，得到了积极入场资金的推动，从而在后期形成了价格持续性上涨的行情。

虽然放量突破之后价格出现了上涨，但这并不代表成功的突破一定是这种技术形态。放量突破只是成功突破的一种表现形式，并不是鉴定突破形成与否的唯一标准。

图 1-11 液化气 2108 合约 2021 年 6 月 30 日 1 分钟 K 线走势图

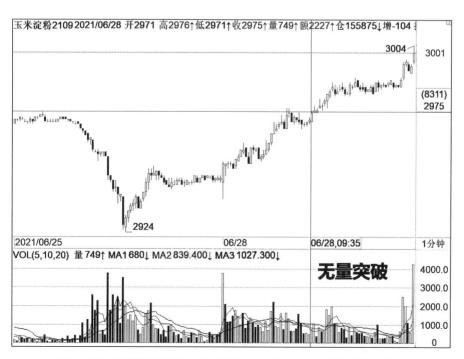

图 1-12 玉米淀粉 2109 合约 2021 年 6 月 28 日 1 分钟 K 线走势图

在图 1-12 中，价格反弹逆转，不断上涨，在上涨中途形成了一次调整，而后又形成了一次突破创新高的走势。这一次的突破有什么样的技术特点呢？

从 K 线走势来看，玉米淀粉 2109 的走势与液化气 2108 的走势一致，都是随着一根阳线的出现形成新高，出现突破买点。但明显不同的是，玉米淀粉 2109 的价格在形成突破时，成交量并没有明显放大，相比之前上涨时的量能反而出现了萎缩的迹象。液化气 2108 的价格在放量之后上涨，形成了真实的突破，玉米淀粉 2109 的价格在缩量之后上涨，也形成了真实的突破。可见，放不放量都可以形成真实有效的突破走势。

资金在液化气 2108 突破的时刻便入场了，而在玉米淀粉 2109 突破形成之后价格进一步上涨时才入场。资金都有入场的迹象，只不过一个早一个晚已。可见，突破能否形成才是重点，资金何时入场反而是次要的。

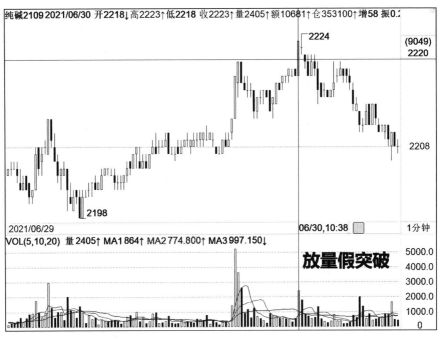

图 1-13　纯碱 2109 合约 2021 年 6 月 30 日 1 分钟 K 线走势图

在图 1-13 中，价格缩量调整之后形成了放量突破的走势。这种突破走势可能最受投资者欢迎。不管是股票还是期货，许多投资者都认为放量突破往往意味着资金入场，突破买点成功形成的可能性较大。

但是，在图1-13中，若在价格放量突破的时刻入场做多，很快便会被套在其中，这个买点虽不是最高点但也绝对称得上是次高点。这一次的放量突破买点成了假信号，谁入场谁赔钱。若突破时的成交量非常大，则可能是资金的集中出局，倒也容易识别，但在图1-13中放量突破形成时，成交量也仅是温和放量，并没有异常放大，因此增加了识别的难度。

由此可见，不管是放量突破还是缩量突破，都有真有假。任何买卖点形态的形成都是这样的，半真半假。作为投资者，不必浪费精力去研究它们为什么真、为什么假，因为这是正常的市场现象。投资者需要做的就是学会形态成功时如何扩大收益，形态失败时如何将损失降到最低。这才是最有意义的事情。

图1-14　焦炭2109合约2021年7月1日1分钟K线走势图

图1-14中没有显示成交量，虽然没有了成交量作为辅助，但只通过分析价格的波动确定介入点，并不会受到什么影响，无论是反弹的做空高点，还是突破做空点，都可以确定合理的介入点位。由此可见，对于买卖

点的确定而言，成交量分析是可有可无的，技术形态本身才是根本。

在价格下跌过程中，有多次成功的突破做空点，其中最为明显的两处用较粗的横线标注，而两处细线标注出的突破都是失败的。介入点形成的成功与失败与成交量没有任何关系。成功的介入点形态很正常，无论哪种介入点形态都必然会有一大堆成功的案例，而失败的介入点形态也很常见，仅这一轮下跌过程中就有多处出现了失败的突破介入点形态。既然形态的成功与失败都是很正常的事情，那投资者在分析时就不能想着如何去过滤假信号，这反而是不正常的。

当真突破形成时，要想办法用正确的持仓方法与策略扩大盈利，能赚的时候多赚些。而当形态失败时，则要想办法控制亏损的幅度，亏得少一些。这样一来，哪怕一多半介入点是失败的，一少半介入点是成功的，但因为成功的时候赚得多，失败的时候亏得少，照样可以获得不菲的收益。而这与成交量有什么关系呢？

成交量的地位与各种技术指标一样，有一定作用，但不是决定性作用。在确定介入点方面，成交量是无用的。它只在开仓之前判断价格波动性质，在开仓之后判断是否持仓时才能发挥更加积极的作用。只有正确理解了成交量的意义，把它用对了地方，才会对分析行情有更大的帮助。

1.4 放量的判断标准

成交量是否放大其实没有一个统一的判断标准，它是对比的结果。将当前的成交量水平同之前的成交量水平进行对比，如果当前的成交量大于之前的成交量，就可以称为放量。放量的规模小，则称为温和放量；放量的规模大，则称为巨幅放量。

成交量的放大在不同时期会有不同的参考标准，不活跃期的放量跟活跃期的放量是完全不同的，两者相差很多。所以，不能仅对比具体的成交手数或成交额绝对值，用固定的数值衡量放量没有意义。

除了可以使用对比的方法来识别放量，还可以使用均量线指标来识别放量。如果成交量柱体开始站到均量线上方，则可以视为放量形成。成交量柱体处于均量线上方的时间越长，说明资金入场的延续性越好，行情的纵深性就越好。如果成交量柱体只是处于均量线上方一两根就又低于均量线了，这种放量被称为偶发式放量，不具备延续性，对当前价格整体走势的影响并不会很大。

同时，还可以查看一下均量线的趋势方向。若各条均量线开始出现上升的趋势，则意味着放量正在进行，均量线趋势保持向上的区间都可以定义为放量区间。

对放量进行分析，需在短周期内进行，只要K线周期超过5分钟，就不宜使用了。同时还需要注意，有的期货软件可能没有均量线这项指标。

对放量的识别有了基本的认识之后，便可以对放量配合价格的波动状况进行综合分析，从而得出更贴合市场真实情况的结论。

图1-15　动力煤2109合约2021年7月9日1分钟K线走势图

在图1-15中，价格在上涨中途出现调整时，成交量始终保持低迷的状态，无论放到哪个时期来看，这都属于非常标准的低迷量能状态。一旦形成低迷的量能状态，对放量的判断反而简单了许多。

随着价格后期进一步上涨，成交量开始明显放大，相比低迷期，量能放大了近 10 倍，可见此时资金入场的积极性多么高。正因为资金积极入场，放量连续形成，才促使价格走出了一轮持续上涨的好行情。

除了可以将成交量柱体进行对比，还可以使用均量线指标进行分析。在低迷期，均量线保持着向下或走平的状态，而当成交量柱体变长之后，各条均量线都呈现出上行趋势，意味着放量区间的到来。

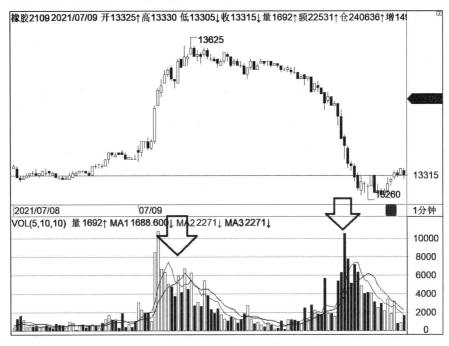

图 1-16　橡胶 2109 合约 2021 年 7 月 9 日 1 分钟 K 线走势图

在图 1-16 中，价格呈现出大反转的走势。在上涨过程中，成交量连续放大，相比之前的萎缩状态，成交量放大了 10 多倍。

价格上涨到高位后，略经震荡便转头向下，下跌过程中，成交量再次连续放大。此时的放量，一是可以对比缩量区间的量能，二是可以对比之前上涨时的放量。与之前上涨时的放量进行比较便可以看到，两次的量能大小基本相同，这说明资金不管是进行做多操作还是进行做空操作，在场中的数量基本是相同的。

　　不管是在上涨过程中，还是在下跌过程中，均量线都形成了明确向上的趋势。只要均量线趋势向上，价格就会形成比较活跃的上涨或下跌的行情。能直接对比出成交量是否放大当然更为直观，但碰到不好对比的量能形态时，均量线的趋势方向就可以帮上大忙了。

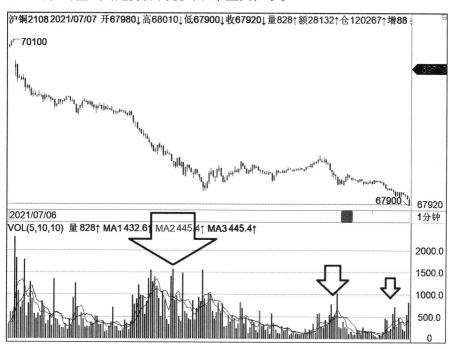

图 1-17　　沪铜 2108 合约 2021 年 7 月 7 日 1 分钟 K 线走势图

　　在图 1-17 中，出现了长时间的下跌行情。下跌的时间越长，说明资金做空的积极性越高。这一点也可以从下跌过程中的放量状态中看出：在主要下跌阶段，成交量始终保持着密集的放大状态。对于最左侧大箭头处的放量，均量线也就失去了参考价值，因为此时的量能性质非常容易确定。

　　主要下跌波段结束后，价格呈现出一段时间的震荡走势，而后再度下跌。在后期下跌过程中，成交量依然有所放大：阴线量能与之前的量能对比明显放大，均量线也呈现出上升的趋势，这说明此时的下跌依然得到了资金的推动。只要有放量出现，价格的下跌走势便不会停止。

　　但是，如果将此时的下跌放量与主要下跌波段的放量进行对比，便可以得出更多结论：在后期下跌过程中，成交量虽有放大，却一波比一波小，这说明虽然有资金在推动，但积极性已经明显降低。在这种情况下，因为仍在放量，所以要继续看空，但因为量能的放大程度有所减弱，所以要做好下跌行情难以为继的准备。

图1-18　豆粕2109合约2021年7月9日1分钟K线走势图

在图1-18中，下跌过程中的量能非常完美，阴线量能柱体始终保持放大的状态，说明资金在此区间做空的积极性非常高，持续入场的资金为价格的下跌提供了很好的动力。

价格下跌到底部之后，阳线的出现均伴随着放量的现象。此时要么是空方资金大举撤出，买入平仓，要么是多方资金积极入场，买入开仓，在这两股做多合力之下，价格出现了快速的上涨走势。这个时候，投资者一定要顺应资金的操作，将思路由之前的做空快速转变为做多。

成交量的放大代表了资金的入场，而只要有资金参与其中，价格的波动幅度就会比较大，只要顺应此时价格的波动方向，很容易实现不错的盈利。放量对应着价格波动的活跃区间，但在放量区间除了追涨操作，往往不会有其他好的介入点，所以放量区间主要是持仓区间、收获区间，介入点基本上都要到缩量区间去寻找。

1.5　缩量的判断标准

价格有涨有跌，与之对应的成交量便有放大也有萎缩。放量现象出现后，投资者应当积极持仓，放量区间是收获区间。而对于投资者来说，缩量区间的意义更大，因为更多的介入点都出现在缩量区间。在缩量区间介入，一旦行情展开就进行交易，从而在放量过程中获得收益。

放量的判断主要靠对比，缩量的判断也是如此。缩量的判断是要将当前的成交量与放量区间进行对比，只要成交量比放量时的成交量连续缩小，便可以认定为缩量。缩量同样不适合用固定的数值来衡量，这是因为放量区间的缩量若同绝对低迷时的缩量相比，在数值上仍属于放量。

放量使用对比的方法可以更直观地作出判断，缩量虽然也是如此，但使用均量线更加合适。不管在什么情况下，若成交量柱体处于均量线下方，就可以确定当前的量能性质为缩量。

在图 1 - 19 中，在价格下跌时成交量保持连续放大的态势。只有资金愿意入场参与交易，价格才会有足够的动力。所以，在放量区间一定要牢牢持仓以获得较高的收益。

放量下跌结束之后，成交量出现了萎缩。从走势来看，在反弹震荡区间，成交量相比下跌时的量能明显减小，通过均量线可以更直观地看出缩量的全过程：成交量柱体缩短至均量线下方，均量线又同步保持向下的趋势。

放量多是迅速形成，而缩量则往往有一个过程，成交量从放大状态萎缩至非常低迷的状态需要时间。因此，对放量进行分析可以使用对比的方式，而对缩量进行分析则使用均量线的效果更好，只要成交量柱体开始连续位于均量线下方则意味着进入了缩量区间。

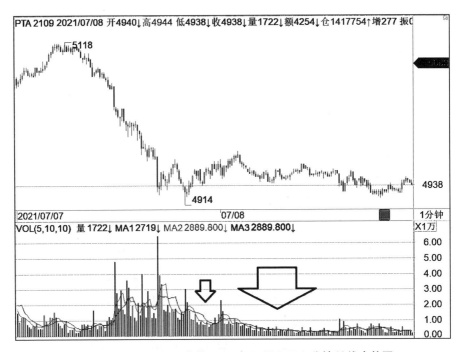

图1-19　PTA 2109 合约 2021 年 7 月 8 日 1 分钟 K 线走势图

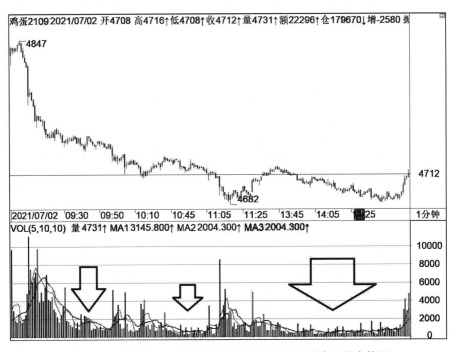

图1-20　鸡蛋 2109 合约 2021 年 7 月 2 日 1 分钟 K 线走势图

在图 1-20 中，价格一开盘便出现了放量下跌的走势，成交量柱体不断加长，并且均量线始终保持向上的态势。一轮放量下跌结束之后，成交量开始萎缩。

从图 1-20 来看，缩量可以分为两部分：一部分是极度的缩量，也就是最右侧大箭头标注的位置，这是该合约成交量萎缩到极限之后的状态，属于绝对的缩量区间。另一部分是放量之后逐步形成的缩量，这一区间成交量逐渐减小，逐渐形成极度缩量的状态。

极度缩量的状态无论是通过对比分析还是结合均量线，都能直观地作出判断。但对成交量逐步萎缩区间的判断则需要结合均量线进行。最先发出的信号就是成交量柱体开始位于均量线下方，而后便是均量线出现持续向下的趋势。在实战中，只要看到成交量柱体连续几根都位于均量线下方，便可以确定缩量区间到来了。

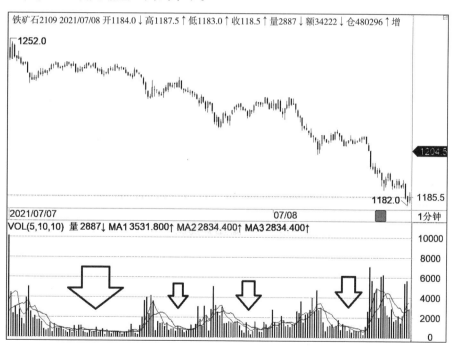

图 1-21　铁矿石 2109 合约 2021 年 7 月 8 日 1 分钟 K 线走势图

在图 1-21 中，价格形成了波浪式下跌的走势，在震荡下跌的过程中，成交量多次出现了萎缩的迹象，虽然价格所处的位置各不相同，但这些成交量萎缩时的技术形态却是完全相同的。

判断成交量是否萎缩，要把缩量区间与放量区间进行对比，当成交量小于放量时的50%时，便可以确定缩量已形成。还要看一下均量线的趋势方向，如果各种均量线都形成了向下的态势，并且成交量柱体都处于均量线的下方，那便是非常明确的缩量形态。

结合图1-21中价格的走势来看，放量区间带来了收益，而缩量区间则为投资者提供了一个又一个中途介入的好时机，在这些缩量区间寻找反弹高点入场，就可以成功地在后期放量过程中获得不错的收益。

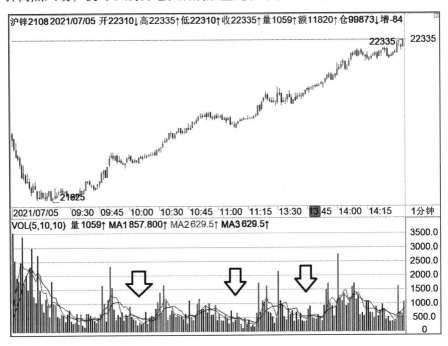

图1-22　沪锌2108合约2021年7月5日1分钟K线走势图

在图1-22中，出现了一轮持续上涨的行情，每一次上涨时成交量都形成了放大的态势，为上涨提供了足够的动力。但是，放量上涨带来的是收益的机会，除了追涨操作，没有任何买点；对缩量区间进行分析便可以看到，缩量区间处处蕴藏着中途入场的大好机会。

放量说明资金积极入场，而放量之后的缩量则意味着资金并没有大规模离场，先前做多的资金依然留在场中。缩量除了说明多方资金没走，还意味着空方资金没来，因为若空方资金大举入场，成交量也会明显放大。场中的多方资金没走，场外的空方资金没来，价格自然会延续当前的趋势继续向上。这便是缩量区间会有大好介入机会的原因。

从图1-22中可以再次看到，缩量区间要么是成交量相比放量时明显萎缩了至少50%，要么是均量线保持明显向下的态势。不管这两种技术形态出现哪一种，投资者都要密切留意中途介入的机会。

1.6　放量、缩量的循环交替

价格上涨之后必然会下跌，只不过有的下跌是趋势性的，有的下跌只是中途的调整。下跌之后价格也必然会上涨。同理，有的上涨是趋势性的，有的上涨只是下跌中途的反弹。成交量也是如此，放量过后必然会缩量，缩量之后必然会放量。放量与缩量就如同价格的上涨与下跌，必然会交替出现，在交替之间也就带来了机遇和风险。投资者只要掌握了方法，就可以将风险降到最低，从而把握住好的交易机会。

在实战中，缩量的时间往往会长于放量的时间，这很容易理解。再多的资金也有消耗完的时候，若没有机会，资金也有十足的耐心等待好的机会到来后才会重新入场，所以整体而言，缩量延续的时间比较长。

就重要性而言，缩量比放量更重要。不管是期货市场还是股市，放量都容易作假，只要资金来回对倒就可以使成交量放大，但缩量却是作不了假、骗不了人的，没有资金主动介入，成交量就会持续萎缩。同时，放量只会给有持仓的投资者带来机会，而没有持仓的投资者在放量形成时往往只能踏空行情。但缩量对谁都很公平，对有持仓的投资者可以提示他们继续持仓，对没有持仓的投资者则可以提示他们应当入场。

虽然缩量非常重要，但不能在成交量持续萎缩时进行分析，只有在放量之后对缩量进行分析才有意义。否则，资金没有入场，一直盯着缩量，是找不到交易机会的。只有等资金先入场，而后再从缩量中判断这些资金有没有离场，才可以把握住好的机会。

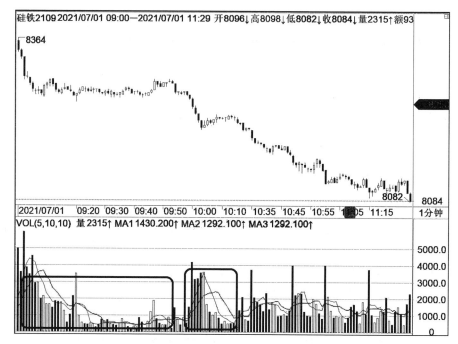

图1-23　硅铁2109合约2021年7月1日1分钟K线走势图

在图1-23中，价格出现了一波接一波下跌的走势。对于这种波浪式下跌的行情而言，投资者在下跌过程中会有数次中途介入的好机会。

从成交量来看，每当放量出现时，价格都会出现不同幅度的下跌，并且都呈现出单边下行的态势。面对这样的走势，是无法在放量区间入场操作的，只能在放量区间持有空单。而介入点的确定则需要在价格反弹的过程中进行。从图1-23的走势来看，每次价格出现反弹都是极好的介入机会，这些反弹走势都有一个特点，那就是成交量在放量之后出现了明显的萎缩。

下跌时放量，之后成交量萎缩，说明空方资金介入之后，没有在价格反弹过程中离场，那么，价格在后期继续下跌的概率是非常大的。并且每次放量之后，缩量都紧接着出现，下跌就放量，反弹则无量，量与价的配合非常默契。因此，投资者应该在放量下跌时持仓，在无量反弹时入场。把握住了成交量放大与萎缩的规律，找到合适的入场时机也就不是什么难事了。

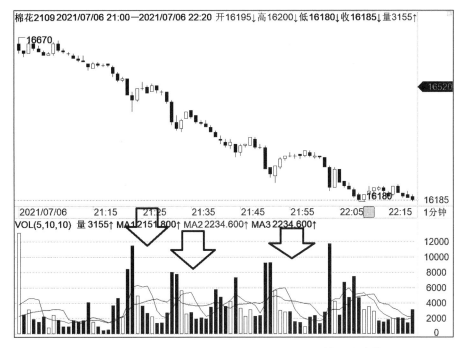

图 1-24　棉花 2109 合约 2021 年 7 月 6 日 1 分钟 K 线走势图

在图 1-24 中，价格下跌的过程比较简单，虽然中途也有过多次反弹，但反弹的时间都不长。这种走势形态对于持仓来说非常简单，只要开仓成本占优势，持仓时由于技术形态简单就不会有任何心理压力。

但同样，由于技术形态非常简单，在什么位置介入如果只看 K 线图就显得比较困难。此时若结合成交量的变化进行分析，寻找入场点位便又变得简单起来。从图 1-24 的走势来看，每次放量之后，成交量就会萎缩，说明入场的空方资金并没有离场。既然资金依然留在场中，那么，那些很短的阳线量能柱体对应的便是介入点。

从更多的缩量反弹走势来看，在缩量区间介入的整体风险其实并不大，只不过在有的案例中，缩量维持不了多久价格便快速下跌，而在有的案例中，反弹时间会长一些，投资者入场后需要多等一会儿。因此，放量下跌之后出现的缩量要引起重视，中途入场做空的机会往往就藏在这些缩量反弹的阳线中。

图 1-25　PTA 2109 合约 2021 年 7 月 2—5 日 1 分钟 K 线走势图

在图 1-25 中，价格低位震荡一段时间后，在资金集中入场的推动下，出现了一轮上涨行情。由于放量之前成交量是萎缩的，因此，此时第一波放量便是资金在盘中建仓。

资金建仓推高了价格之后，成交量萎缩，资金入场暂时停止，因此，价格形成了调整的走势。在调整时，价格波动重心并没有明显下移，说明多方并不想让价格跌下去。再结合成交量来看，缩量说明多方资金没有撤离，空方资金也没有杀入，价格的下跌并没有得到资金的支持。

由于放量行情展开得非常迅速，投资者并不一定能够及时地在低位入场，那么，在上涨中途放量之后形成缩量时，就应当积极地在缩量区间寻找机会。结合后面的上涨行情来看，此时的缩量区间恰好是下一轮上涨行情开始前最佳的介入区间。

图 1-26　纯碱 2109 合约 2021 年 7 月 2 日 1 分钟 K 线走势图

在图 1-26 中，价格形成了震荡上涨的走势。每当上涨行情出现时，成交量都会同步放大，正是资金的积极入场推动着价格一波波地走高。

价格上涨之后必然会迎来下跌，而成交量放大之后也必然会形成缩量。上涨/放量带来的是持仓赚钱的机会，而调整/缩量带来的则是中途介入的机会。从图 1-26 的走势来看，缩量均伴随着价格暂时性回落，而这些回落低点对于后期行情而言又恰好是极好的介入点。

涨得多跌得少，所以价格可以不断上行，而放量之后紧跟着缩量，限制了资金的离场。不管是主动还是被动，资金都留在了场中，只要价格的调整没有明显破坏掉多头的整体技术形态，那么上涨便是可期的。

若各位读者朋友对本章内容有技术上的疑问，可联系笔者团队进行交流（微信：18588880518，QQ：987858807），以使您的学习不留疑点、难点。让我们一起进步！

2 常见量能技术形态

　　K线会形成各式各样的技术形态，许多投资者对此是非常熟悉的。成交量也会形成多种常见的技术形态，而对此，大多数投资者就很少听说了。既然价格有各种技术形态，成交量也肯定会有一些常见的量能技术形态，否则量价如何相互配合呢？

　　相比价格的技术形态，量能技术形态就少了许多。不同的量能形态匹配不同的K线形态会得出完全不同的结论，在实战操作或分析过程中一定要注意这一点。

　　量能形态有提示介入机会的——只要这样的量能形态出现，便意味着资金开始了积极的操作，此时一定要密切留意各种介入机会；量能形态也有形成风险性走势的——此时一定要注意规避风险，否则，轻则利润回吐，重则亏损。作为重要的分析补充项，量能的技术形态，投资者一定要花些时间与精力学习记忆。

2.1　量能加速

　　量能加速是机会性量能形态。一旦形成量能加速，价格后期上涨或下跌的力度将大大增加，对应的便是价格波动幅度加大，对于投资者来说，这是大好的机会，手中有持仓的应当继续大胆持有，空仓的则应当赶紧冲进场中进行操作，唯有这样才能捕捉到价格后期快速上涨或下跌带来的获利机会。

　　量能加速形态需要通过对比来确定。将之前上涨或下跌时的成交量作为参照物，与当前的成交量进行对比。若当前的成交量明显大于之前的成交量，则意味着量能加速形态形成。此时一定要意识到，当前价格上涨或是下跌的幅度必将超过之前的涨跌行情。假设价格之前上涨或下跌了 50 点，那么当前这一波上涨或下跌的幅度必定超过 50 点。无论是继续持仓还是入场操作，投资者都可以较为精准地判断出后期可捕捉的操作空间。

图 2-1　原油 2108 合约 2021 年 7 月 7 日 1 分钟 K 线走势图

在图 2-1 中，价格在初期下跌的过程中，成交量比较少，因此，虽然高位区间的高点在连续降低，但价格并没有大幅下跌。由此可见，在成交量稀少的区间，价格的波动幅度往往都不会太大，很难存在大幅盈利的机会。

无量震荡一番之后，价格向下创出新低。在趋势方向非常明显的情况下，资金大举入场进行做空操作。资金的积极入场使得成交量明显放大，促使价格形成了大幅下跌的走势。从第一轮放量下跌的走势来看，下跌的速度明显加快，下跌的幅度也明显加大，量能放大的区间肯定可以带来较好的操作机会。

第一轮放量下跌结束后，价格形成了正常的反弹走势，短时间反弹结束之后，在成交量进一步放大的推动下，价格继续下行。在下跌的中期阶段可以看到，成交量柱体的长度超过了之前成交量的柱体长度，说明当前资金入场的积极性更高，必然会促使价格形成更大幅度的波动。在发现"后量"超过"前量"形成量能加速形态时，一定要握紧手中的持仓，此时可以测算一下当前的下跌是否已经超过了前一波下跌的幅度，若还没有超过，千万不能因为觉得赚够了而轻易出局。

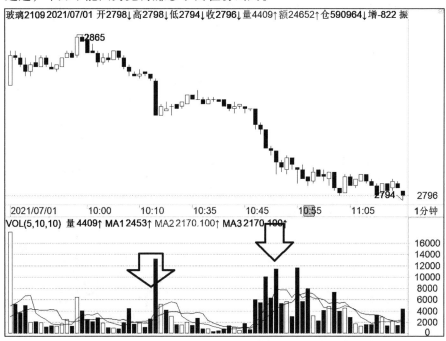

图 2-2　玻璃 2109 合约 2021 年 7 月 1 日 1 分钟 K 线走势图

在图2-2中，价格第一轮下跌时，仅有一根大实体的阴线对应着形成了放量，其他阴线对应的成交量都比较少。对放量进行分析时，既要看最大的量，也要看整体平均量能状态，平均量能状态更有意义。整体来看，第一轮下跌时的量能并不大。

缩量反弹过后，价格继续下跌，第二轮下跌时的成交量整体比前一轮大了许多，成交量放大得非常密集，高高的量能柱体一根接一根，说明每一根 K 线中都有不少资金入场操作。入场的资金量越大，价格自然会获得越大的下跌动力，因此这一轮下跌的幅度远超过之前的下跌幅度。

后边的成交量明显大于前边的成交量，这就是量能加速形态的重要技术特征。在实战操作时，这种量能技术形态往往只会在价格下跌的中途出现，所以只能短线追进一下，若手中有持仓，则可以衡量一下当前价格跌了多少，如果跌幅小于或是等于前一波下跌的幅度，则可以继续持仓，在量能加速形态出现的情况下，价格波动的幅度只会加大。

图 2-3　沪镍 2108 合约 2021 年 7 月 9 日 1 分钟 K 线走势图

在图 2-3 中，价格反弹后出现第一轮上涨时，成交量处于萎缩的状态，此时价格呈现的是放量下跌、缩量反弹的走势，无法判断未来行情。在阳线量能较小的情况下，价格上涨的延续性往往都是比较差的。不加大力度踩油门，车又怎么能够跑得快起来？

第一轮无量反弹过后，价格再一次上涨。在第二阶段上涨的过程中，成交量出现了明显的放大迹象，这是与第一阶段走势最大的不同。此时的放量说明资金在价格反弹到了下跌起点时意识到了趋势的反转，积极入场进行操作，从而使得"后量"大幅超过了"前量"。多出来的成交量就是新增的入场资金，有更多的资金推动，价格的波动幅度必将加大。

当发现量能加速形态的时候，一定要大胆持仓，只要成交量没有萎缩下来的迹象，便不必考虑出局的问题。什么时候出现了异常的高位放量，或是形成了缩量，价格才有可能失去进一步上涨的动力。在此之前，正确的操作就是继续看多以及做多，量能加速，价格的上涨也会加速，从而推动价格出现更大的上涨幅度。

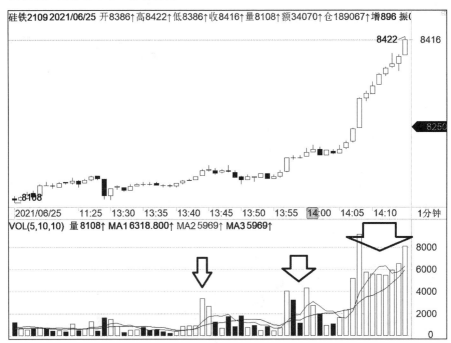

图 2-4　硅铁 2109 合约 2021 年 6 月 25 日 1 分钟 K 线走势图

在图 2-4 中，价格在上涨初期形成了缓慢震荡爬升的走势。初期阶段之所以涨得不多，主要就是因为成交量比较少。虽然有放量出现，但是放量的连续性比较差，形成两三根放量柱体之后便又缩量了。这说明虽然有资金入场，但规模并不是很大。得不到大量资金的推动，强劲的上涨行情也就难以出现。

在价格又一次创出新高使得上升趋势更加明确之后，成交量突然出现了更大幅度的放大，放量的延续性也变得非常好，说明资金开始了更加积极的做多操作。在形成标准量能加速形态的情况下，价格的上涨力度也随之变大，一连串的阳线在很短的时间内便给做多的投资者带来了较大的盈利。

价格的上涨离不开资金的支持。入场的资金数量多，则价格上涨速度快、上涨幅度大；入场的资金数量少，则价格上涨速度慢、上涨幅度小。资金入场的数量直接决定了投资者能够实现多大的收益。而资金入场多与少最直接的体现就是成交量柱体的变化。通过对比之前量能与当前量能，投资者可以清楚地知道量能有没有加速。在量能加速的情况下积极持仓并积极寻找上涨或下跌中途的介入时机，从而在价格起飞的过程中，让资金不断拉出大阳线。

2.2　山字量能

山字量能是一种常见的量能形态，但它是一种风险性量能形态。一旦山字量能出现，则意味着价格的上涨或是下跌基本进入了尾声。这个时候，投资者应当选择将顺方向的持仓择机平掉，而后再择机使用抄底摸顶的操作方法。

山字量能的左半部分是机会信号。如图2-5所示，山字量能最左侧的量能是第一次放大的成交量，说明资金开始积极入场操作，左侧凹下去的部分则是调整或反弹的缩量，至此形成了完美的量价配合形态；中间的一竖，是价格上涨或下跌以来形成的最大的成交量，与之对应的则是价格最猛烈的一波上涨或下跌走势。至此，价格的波动带来的都是好的持仓或入场操作的机会。

而山字量能最右侧的成交量相比高峰时的量能明显萎缩。在价格大幅上涨或下跌之后量能萎缩，说明资金操作的积极性明显降低，量能出现了衰竭，意味着价格将会失去进一步上涨的动力，因此，在这一阶段需要留意风险的出现。山字量能最右侧的量能越小，意味着未来价格停止上涨或下跌的可能性越大。

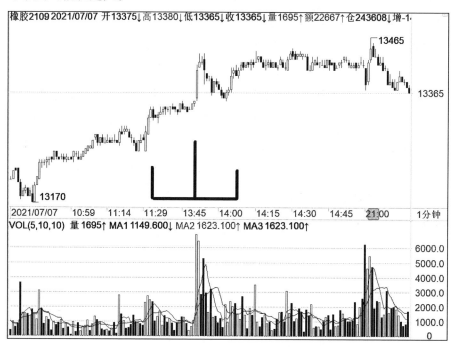

图 2-5　橡胶 2109 合约 2021 年 7 月 7 日 1 分钟 K 线走势图

在图 2-5 中，价格自低点开始上涨，在第一轮上涨中，成交量没有明显放大的迹象，说明资金还没有意识到价格的走势已经反转。在实战操作时，第一轮上涨行情直接放量是最好的，说明资金做好了准备，直接推动价格形成逆转。而如果第一轮上涨行情中没有出现放量现象，也可以顺势操作，因为随着上升趋势变得越来越明朗，必然会有资金开始集中入场。所以，对第一轮上涨行情是否放量的要求比较宽松，可以不放量，但放量更好。

在上涨收盘期间，成交量出现了放大，说明资金意识到了上涨趋势将会延续，从而开始主动入场操作。只要有资金入场，价格的波动就将变得更加"健康"。第一次放量之后价格横盘调整，调整区间成交量明显萎缩，放量与缩量形成了山字量能的左半部分。调整结束后价格快速上涨，同时成交量也急剧放大，形成了山字量能中间的最高峰。

最大的量能出现之后，在短暂的缩量之后成交量又一次放大，但这一次量能的放大程度要比最高峰时小了许多，甚至比第一波放量时还小，说明资金在高位入场做多的积极性大幅降低，也就导致了价格在后期很长一段时间里无法再出现大力度上涨的走势。因此，在山字量能的左半部分可以积极操作，而一旦进入右半部分，就需要警惕风险了。

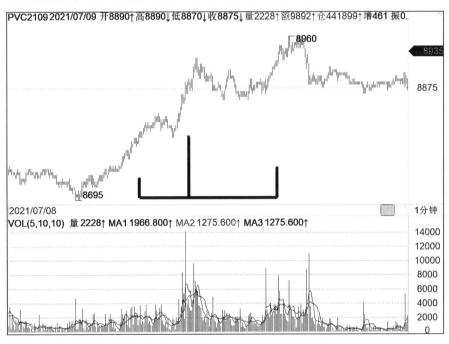

图 2-6　PVC 2109 合约 2021 年 7 月 9 日 1 分钟 K 线走势图

在图 2-6 中，价格形成了一轮大幅震荡上涨的走势。价格见底之后出现第一轮上涨时，量能比较温和，说明资金入场相对克制。这是上涨行情常见的现象：投资者对第一轮上涨的可靠性持怀疑态度。第一轮上涨之后出现缩量调整，山字的左半边形成。

短时间的调整结束之后，价格继续上涨，此时成交量明显放大，整体量能大约是之前量能的 2 倍，说明入场的资金明显增多。价格上涨的趋势越来越明显，又一次创出新高，自然会激发投资者入场做多的热情。因此，山字量能中间的成交量是最大的，与之对应的就是价格此时的上涨速度是最快的，这是持仓获利的大好时机。

强劲的放量上涨之后，缩量调整出现，在充分调整之后价格继续上涨，但此时的成交量明显小了很多，虽然比第一轮上涨时的量能略大，但无法超过中间最高峰。这同样是量能萎缩的迹象，只要量能低于中间最高峰，便意味着资金做多的热情开始消退。山字量能形成之后，价格虽然没有连续下跌，但也在很长一段时间里都没有好的上涨表现，可见，当山字量能形态形成时，手中的多单还是趁高点及时出局为宜。

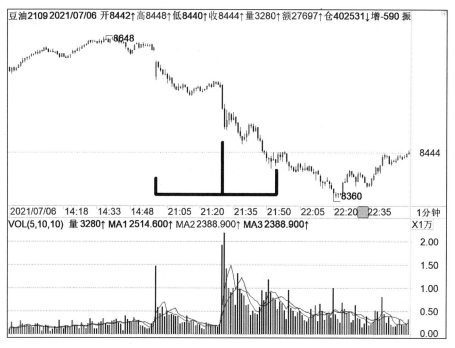

图 2-7　豆油 2109 合约 2021 年 7 月 6 日 1 分钟 K 线走势图

在图 2-7 中，夜盘一开盘价格便形成了带量下跌的走势。这种开盘形态非常漂亮，说明资金一上来就做好了做空的准备，在刚开盘的阶段就积极地进行操作。开盘有这样走势表现的，当天往往都会产生非常不错的行情。

开盘第一轮下跌结束后，价格形成了缩量反弹的走势。在反弹过程中，价格上涨的幅度很小，这样的反弹形态往往意味着价格后期还将继续下跌。当又一轮下跌出现时，成交量急剧放大，说明资金开始更加积极主动地做空。受到大量资金入场推动的影响，价格下跌速度加快，下跌幅度也明显加大，短时间内就给投资者带来了极好的收益。

最大的量能出现后，形成了短时间的缩量反弹态势。只要成交量一直是萎缩的，那么就有很大的概率继续出现一轮下跌。当第三轮下跌出现时，成交量虽然保持放大，但相比最高峰的量能却减少了许多，说明资金做空的热情有所消退，但由于此时的成交量依然超过早开盘时的量能，因此价格依然有下跌的动力。但在高峰量能之后出现缩量总归是不太好的现象，因此，在继续持仓的同时也需要留意，价格随时有可能停止下跌。

山字量能是风险即将到来的信号。它的提示要么提前，要么同步，但肯定不会滞后。因此，在山字量能右半部分形成且成交量出现衰减迹象的时候，觉得赚够了可以清仓，即使觉得趋势延续性挺好也应该减减仓。

图 2-8　豆粕 2109 合约 2021 年 7 月 7 日 1 分钟 K 线走势图

在图 2 - 8 中，一开盘价格便出现了放量下跌的走势。对于这种开盘便放量的走势一定要多加留意，这种走势很容易在当天给投资者带来非常好的操作机会。

开盘放量下跌之后，形成了完美的缩量反弹走势，由于量价配合有着明显的规律性，因此很容易对后期的走势作出判断：价格大概率会继续放量下跌。之前的放量和缩量形成了山字量能的左半部分，若再形成放量，那山字量能形态的一半就彻底形成了。随着价格再一次下跌，成交量继续保持放大，并且形成了盘中最大的成交量。此时的放量下跌与开盘时的放量下跌都为投资者提供了极好的入场获利机会，可见，成交量配合着价格的波动出现放大是多么重要。

放量下跌之后，价格虽然仍保持下跌的状态，但是对应的成交量相比高峰时却小了很多。山字量能右侧量能越小，价格越不容易继续延续之前的走势，因此，在量能有萎缩迹象的时候，投资者就可以做好随时出局的准备。一旦形成山字量能，价格往往已经出现了较大幅度的下跌，此时，价格已经不占优势，往往无法再给投资者带来较大的盈利空间，这就是在山字量能形态形成之后要随时做好出局准备的原因。

2.3　倒三角量能

山字量能是一种出现于盘中的形态，倒三角量能则常见于开盘阶段。倒三角量能既属于风险性量能形态，又属于机会性量能形态。在倒三角量能形态形成的过程中，价格的波动往往带有风险，因为此时的成交量始终保持不断萎缩的态势，在量能不断萎缩的情况下进行操作，获利的效果将会是很差的。而当倒三角量能彻底形成、成交量已经萎缩到极限时，又可能潜藏着机会。

成交量的放大与萎缩往往呈现这样的关系：成交量集中放大之后就会转为连续低迷，这是资金大力炒作价格之后人心涣散的体现；极度缩量之后，资金必然会寻找下一次战机，在适当的时候重新入场推动价格形成新一轮的波动，使成交量在持续萎缩之后再度放大。

　　早开盘出现倒三角量能意味着早盘期间没有资金积极地进行操作，可能是时机不对，也可能是其他原因，总之，在成交量持续低迷的时候就没有好的操作机会，投资者要等的就是成交量的再次放大。一旦倒三角量能形成之后成交量再度放大，就意味着新一轮行情即将开启，随着放量的出现，资金重新入场，机会也就到来了。

图2-9　动力煤2109合约2021年7月8日1分钟K线走势图

　　在图2-9中，开盘之后成交量形成了连续萎缩的态势。从成交量柱体来看，缩量非常有规律，成交量柱体匀速缩短，由高到低形成了一个标准的倒三角形。这种量能形态就是非常标准的倒三角量能。

　　倒三角量能形态意味着当前时刻资金在不断撤出，资金操作的积极性在不断下降。在没有资金积极推动的情况下，价格也往往难以出现持续的上涨或下跌走势。如果倒三角量能一直延续，并且没有见到成交量有放大的迹象，投资者则不能过早地入场进行操作。

　　倒三角量能是开盘阶段常见的风险性量能形态，可以在开盘阶段提示投资者价格涨跌难以延续的风险。若在倒三角量能区间进行了操作，即便有所盈利，盈利目标也一定要降低，否则很容易受到价格来回震荡的干扰。

图2-10 黄金2112合约2021年7月8日1分钟K线走势图

在图2-10中，价格开盘后出现了短时间的上冲走势，但在上冲过程中，成交量并没有配合放大，而是连续萎缩形成倒三角量能，这说明资金在早盘期间并没有大规模持续入场。这样一来，价格的上冲走势也就很难延续下去。

仅收出3根阳线之后，价格便陷入了持续的调整中。可见，在持续缩量的过程中，持仓是行不通的，一旦价格出现一定幅度的上冲，就一定要及时平仓离场。缩量过程中，价格必然会出现反方向的波动。

既然倒三角量能的出现意味着价格涨跌难以延续，那什么时候才会形成延续性较好的规律性走势呢？只要成交量在后期出现了连续放大的迹象，有规律的变化以及延续性较好的涨跌走势就会出现。因为放量一旦形成，便意味着资金开始积极入场，有了资金的推动，价格的波动势头自然会更强。因此，早盘形成倒三角量能时应该观望，一旦形成放量就需要积极关注随时出现的机会。

图2-11 黄金2112合约2021年7月6日1分钟K线走势图

在图2-11中，开盘之后成交量连续萎缩，在量能萎缩的过程中，价格连续收出小十字星的走势。这样的量价配合形态没有任何规律可言，可操作性极差。

开盘之后的缩量意味着无资金介入，但也可以成为投资者分析的参照：如果成交量一直萎缩，就应当在场外继续观望，而一旦成交量出现放大迹象，就要意识到机会已经到来。资金不可能一直停留在场外，总要在合适的时机入场继续交易。如果持续放量，就很难准确判断资金的进出，但在缩量之后，资金何时入场、入场的数量有多少，就因为有了映衬而可以轻松地作出判断。

经过一段时间的缩量之后，成交量在后期又出现了连续放大的迹象，规律性缩量对应着规律性放量，随着资金的入场，价格也随之形成了一轮持续性上涨的走势。倒三角量能可以提示风险，也可以作为映衬提示投资者未来资金是否入场。

图2-12　豆粕2109合约2021年7月8日1分钟K线走势图

在图2-12中，价格开盘出现了下探，但很快又涨了回来。在开盘价格上下震荡的过程中，成交量始终保持萎缩的状态。只要资金没有持续入场，无论价格是上涨还是下跌，其持续性都有待观察，即使有所盈利，在缩量区间也一定要降低收益预期。"赚点儿就跑"是缩量区间操作重要的思路。

经过一段时间的缩量之后，成交量终于呈现出放大的态势，说明资金开始积极入场。在倒三角量能之后出现的放量，往往都是头批建仓资金推动的，此处也是最低持仓成本区，在这个区间入场，获利的效果将是非常好的。在此区间，资金开始了建仓操作，但又没有实现多少收益，因此必然会在后期不断推高价格，摆脱最低成本区间，所以，在倒三角量能形成之后刚刚放量的区间入场操作，很容易赚取较大的收益。

倒三角量能既可以提示风险，也可以作为参照，用以监测资金是否有入场建仓的迹象，从而及时锁定最低持仓成本区。知道了资金在哪里入场建仓，又可以通过成交量柱体高低判断出资金入场的规模大小，这样一来，资金的意图也就非常容易判断了。所以，在开盘阶段碰到倒三角量能，一定要重视起来，缩量延续的阶段虽然有风险，但随后便是大好的机会！

2.4 首次放量

成交量的持续低迷显示出主力资金消极的操作态度，因而在整个缩量区间，价格很难出现较大幅度的波动。而当成交量持续放大时，由于主力资金以及投资者资金的积极入场，很容易使价格形成大幅波动的走势，从而带来极好的操作机会甚至大幅获利的机会。放量往往意味着机会正在或已经到来，那么什么情况下的放量是最值得关注的呢？

资金的入场是一个持续的过程，从开始入场到发力推动价格波动，再到最后收益变现，发现得越早，意味着获利的机会越多、空间越大。想要捕捉到资金刚刚入场的信号，就要从缩量区间开始找起。缩量说明资金没有入场，放量说明资金开始介入，那么，缩量之后形成的第一次放量便是最佳的入场节点。

首次放量区间往往是资金的首批建仓成本区间。这是底仓，是成本最占优势的仓位，因此，投资者若在这个区间随主力资金一起入场，自然很容易获得较高的收益。

在图2-13，价格形成了一轮持续下跌的走势。在价格下跌过程中，成交量保持连续放大的状态，说明资金在场中做空的积极性非常高。大量的资金参与其中，给了价格足够的下跌动力，有量便有资金，有资金自然容易走出大行情。

对成交量的放大状态进行细致分析便可以看到，放量现象在价格下跌的初期、中期、末期都出现过，虽然在下跌末期进行操作也有盈利机会，但收益却大大降低，因此，想要降低风险，获得更高的收益，必须在放量下跌初期入场。

图2-13　菜粕2109合约2021年7月6日1分钟K线走势图

从图2-13的走势来看，开盘之后成交量出现了萎缩，这一时期的缩量恰好为投资者判断资金是否入场提供机会。只要成交量保持萎缩状态，主力资金便没有入场，与之对应的，价格的波动幅度也不会太大。而一旦发现缩量之后成交量出现了放大，便意味着资金开始入场了。由于此时的放量是开盘之后形成的第一个技术形态，因此，首轮放量必然是当天主力资金刚刚入场的点位，此价位区间就是主力资金做空的最高成本区，在这个区间入场，投资者的持仓成本就将与主力一致，主力能赚多少钱，投资者便可以赚多少钱，岂不美哉？

在图2-14中，开盘之后成交量一直保持萎缩的状态，这种现象很常见，说明资金没有入场，也给后期决策留下了很大的空间：这样一来，主力资金什么时候入场引发放量现象是不是就非常容易判断了呢？

当成交量缩到极小之后，随着价格的下跌，阴线的成交量开始放大，这说明主力资金开始入场了，并且交易的方向是要做空。由此可见，缩量之后的首次放量现象给投资者带来了多么有价值的信息！

图 2-14　豆—2109 合约 2021 年 7 月 6 日 1 分钟 K 线走势图

除了可以明确知道主力资金已经入场及其建仓成本、建仓方向，还可以通过成交量放大的具体程度看出资金的入场数量。以图 2-14 为例，首次放量时，成交量放大得并不充分，说明资金入场的数量不太多。入场资金数量少自然不如入场资金数量多好，但这并不影响价格后期的波动性质，因为这只是主力的首批建仓而已，在后期价格继续下跌的过程中，主力资金还将持续入场进行操作。

在图 2-15 中，价格于盘中出现了一大波持续上涨的走势。价格上涨时间越长、上涨幅度越大，便越可以清晰判断出盘中资金的进出动向。在较大的行情出现的情况下，主力资金的操作意图是无法掩饰的。

开盘之后，成交量照例形成了萎缩的态势。大多数品种在开盘时成交量会保持一段时间的萎缩，而后才会形成放量走势，因此就给了投资者绝好的机会把握资金入场的迹象。如果成交量一直萎缩，就不宜过早入场进行操作，而只要成交量出现放大的迹象，就要意识到大好的操作机会近在眼前。

图2-15　白糖2109合约2021年7月9日1分钟K线走势图

经过十几分钟的缩量后，成交量出现了连续放大的迹象，此时的放量便是主力资金入场的信号。因为普通投资者的资金都是分散的，很难集中在一个时间段入场，这样连续的放量只能是主力资金制造的。由于此时的放量是开盘之后的第一次放量，因此与之对应的价格就是主力资金的第一批建仓成本区；同时，放量对应的是价格上涨，就可以轻松地判断出主力资金操作的方向是做多。这样一来，只要在该区间内或是主力第一批建仓成本附近介入，就很容易实现较大的盈利。

在图2-16中，夜盘期间价格并没有走出明确的下跌行情，而日盘开盘之后，价格便出现了大幅的下跌。在对日内量能性质进行分析时，除非价格波动方向完全一致，且开盘时K线没有跳空；否则，夜盘是夜盘，日盘是日盘，一定要区别开来。

日盘开盘之后价格下跌时，成交量保持着连续放大的迹象，说明资金在盘中进行了积极的做空操作。从K线形态与成交量的表现来看，很难明确找出主力资金具体的首次建仓区间，但这并不要紧，直接将开盘时的放

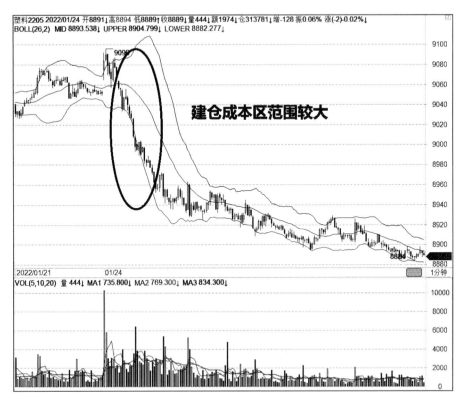

图 2-16　塑料 2205 合约 2022 年 1 月 24 日 1 分钟 K 线走势图

量看作一个整体就可以。放量多是主力资金引发的，主力资金建仓成本范围越大，也就意味着空单的平仓成本越低，这样一来，价格虽然已经跌了一大波，但仍可期待价格继续下跌，否则主力资金很难顺利开拓出盈利空间与出货空间。

有的时候，主力资金的进出意图非常明显，可以很简单地作出判断；有的时候，主力资金的行为虽然可以准确地定性，但具体的开仓成本却很难判断，此时，不必追求精细，只要大致推算出主力首次建仓的成本价位就可以了。当前价格距离主力建仓成本区不远都是安全的，安全范围内只要形成介入点信号，就可以放心大胆地入场操作。

2.5　强势量能

　　成交量没有强势的形态，只有放大与萎缩的形态，强势量能指的是价格强势时的量能状况，通过此时的量能状况可以判断出价格后期的动向。

　　这里的价格强势是指价格上涨时，K 线向上顶破了布林线指标上轨的压力，且不管是阳线还是阴线，收盘价均在布林线指标上轨上方的上涨形态；价格下跌时，K 线向下跌破布林线指标下轨，不管是阴线还是阳线，收盘价均在布林线指标下轨下方的下跌形态。只要 K 线没有回归到布林线指标通道以内，趋势便会延续，什么时候 K 线回到布林线指标通道内了，什么时候强势形态就结束了。但投资者千万不要认为 K 线回到布林线指标通道内，价格就会反方向波动。虽然强势形态结束了，但价格的趋势还有可能会以常态延续。

　　在强势上涨或下跌形态延续的过程中，成交量必然会出现连续放大的现象，放量的程度会是近一段时间内较大的，延续性也会较好。虽然量能连续放大，资金交易极为积极，价格的表现也非常强劲，但这种完美的技术形态不会持续很长时间。一般来说，强势量能仅能保持 5 ~ 10 根 K 线，能延续到 10 根以上 K 线的案例非常少。毕竟这个市场是不会允许极为简单的赚钱方式长时间出现的。强势可以出现，但出现时间必须短，这样才能达到平衡。

　　在图 2 - 17 中，价格上涨结束之后，一开盘便快速转为下跌走势。价格在下跌初期形成了强势下跌技术形态：K 线收盘价始终位于布林线指标下轨下方。这种强势下跌形态使得价格在很短的时间内便出现了很大的跌幅，入场做空的投资者可以轻松实现较大的投机收益。

　　在价格强劲下行的时候，成交量也同步形成了强势量能形态，阴线的量能创下了近期的最大量，并且非常密集。价格之所以能够形成强劲的下跌走势，就是因为大量资金集中涌入并在场中进行了积极的操作。

　　虽然量价配合形态非常棒，但从时间周期来看，大阴线只维持了 8 根

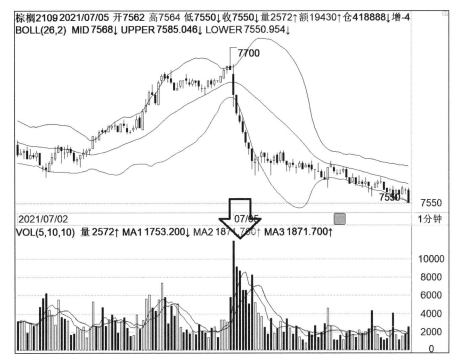

棕榈2109 2021/07/05 开7562 高7564 低7550↓收7550↓量2572↑额19430↑仓418888↓增-4
BOLL(26,2) MID 7568↓ UPPER 7585.046↓ LOWER 7550.954↓

7700

2021/07/02   07/05   1分钟

VOL(5,10,10) 量2572↑ MA1 1753.200↓ MA2 1871.700↑ MA3 1871.700↑

图2-17　棕榈2109合约2021年7月5日1分钟K线走势图

K线，因图2-17是1分钟K线，也就是说强势量能形态仅维持了8分钟。虽然强势下跌结束了，但并不意味着整个下跌行情都结束了。强势下跌结束之后，价格要么停止下跌，要么转为常态下跌。在图2-17中最凌厉的一波下跌结束后，价格便转入了正常的震荡下跌之中。

在图2-18中，开盘之后价格震荡下跌，一波波下跌与反弹交替着推动价格向下。在震荡下跌过程中，虽然也出现放量，但密集性相比强势量能要差一些。当然，只要出现放量，便意味着场中有资金在积极地进行交易，价格就大概率能下跌，只不过下跌的速度要相对慢一些。

经过了一段时间的震荡下跌之后，价格下跌的速度开始加快，K线开始持续位于布林线指标下轨下方。相比之前K线大部分时间在布林线指标通道内运行的形态，强势下跌独有的技术特征非常明显。不管是阴线还是阳线，只要K线的收盘价没有回到布林线指标下轨以内，便可以继续持仓；当K线回到布林线指标通道内之后，再视具体情况决定是继续持仓还

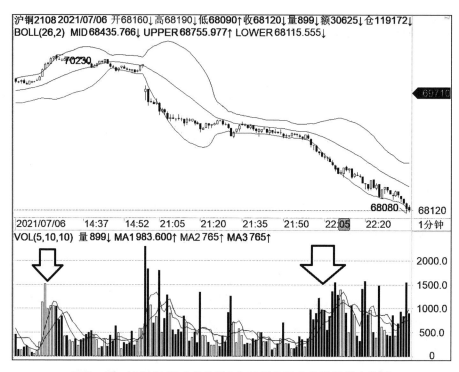

图 2-18　沪铜 2108 合约 2021 年 7 月 6 日 1 分钟 K 线走势图

是出局。

　　在 K 线始终位于布林线指标下轨下方时，成交量的表现也非常强势，阴线量能一直保持放大的状态，并且非常密集，说明虽然价格自开盘后已经有了一定幅度的下跌，但此时资金依然保持着很高的做空积极性。有大量资金继续做空，价格便有了持续下跌的动力。只要强势量能形态没有改变，下跌便不会停止，直到阴线开始缩量。

　　在图 2-19 中，价格经过一段时间的缩量横盘之后，突然爆发了一轮快速上涨的行情。缩量虽然带不来机会，却是机会将要到来的信号，因为资金不可能一直停留在场外，总要在合适的时候入场。在缩量期间寻找机会并等待介入点的到来，一旦发现资金入场并成功放量，便可以直接介入以获得收益。

　　在价格快速上涨的过程中，一连串阳线的收盘价都位于布林线指标上轨上方，只要 K 线没有回归到布林线指标上轨以内，强势上涨形态便不会

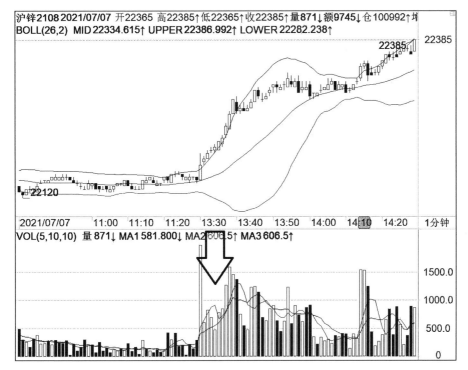

图2-19 沪锌2108合约2021年7月7日1分钟K线走势图

结束，投资者在此阶段应当积极大胆地持仓。当K线回归到布林线指标通道以内、强势上涨走势结束时，也不一定就要马上清仓，可以减仓但不宜清仓，因为强势上涨结束之后，价格还有可能常态化震荡上涨。

在价格强势上涨的时候，成交量形成了密集放大的态势，说明资金入场做多的积极性非常高，有了更多的资金入场，价格的上涨空间便会更大。放量强势上涨虽好，但从周期来看，密集的放量仅持续了10根K线，完全符合5~10根K线的结论。之所以对放量的周期进行统计，就是为了在放量形成的时候有所准备。当发现放量已经持续了七八根K线时，投资者就要留意，强势上涨随时会结束，如果强势放量形态刚维持了三四根K线，就可以继续持仓而不宜提前出局。

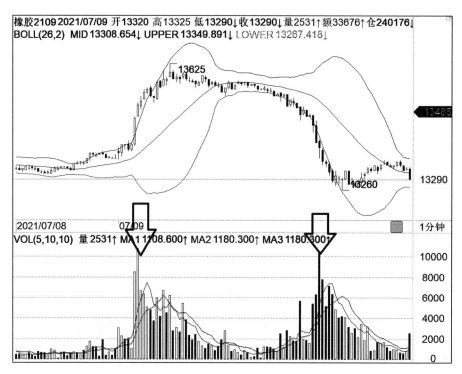

图 2-20　橡胶 2109 合约 2021 年 7 月 9 日 1 分钟 K 线走势图

　　在图 2-20 中，价格先后两次形成了强势量能形态。伴随巨大的成交量，价格分别出现了强势上涨与强势下跌的走势。虽然价格波动的方向不同，但其 K 线的技术形态完全一致：强势上涨时，K 线全在布林线指标上轨以上；而强势下跌时，K 线则全在布林线指标下轨以下。只要没有回到布林线指标通道内，上涨或下跌的行情就将延续，此时要做的就是放心大胆地持仓。

　　在价格强势上涨和强势下跌时，都出现了密集的放量，特征非常明显：量能是近一段时间最大的，并且非常密集。量能大说明资金入场数量多，价格也因此才形成了强劲的波动形态。若没有巨量的推动，K 线是很难向上顶破布林线指标上轨或向下跌破布林线指标下轨的。价格绝大部分时间都在布林线指标通道内运行，只在极少时刻才会跑到布林线指标通道以外，而跑到布林线指标通道以外的前提就是必须有大量资金推动。

　　巨量、强劲的上涨虽然可以快速给投资者带来巨大的收益，但是，这种完美的技术形态不会延续太长时间。在图 2 - 20 中，上涨的时候，强势量能仅延续了 5 根 K 线，在第 6 根 K 线时价格就回到了布林线指标通道以内并转为常态上涨；下跌的时候，前半程 K 线贴着布林线指标下轨，后半程则完全位于布林线指标下轨下方，但也仅延续了 7 根 K 线。强势量能延续的常态值就是 5 ~ 10 根 K 线，所以，只要放量达到了 5 根 K 线的最低时间要求，就需要时刻留意强势量能的停止。强势量能的停止往往以缩量为信号，一旦缩量，价格的强劲上涨就会失去动力，这个时候就可以视具体情况处理手中的持仓了。

2.6　双向放量

双向放量对原趋势有破坏作用，而且容易使投资者对价格趋势的判断失准，因此即使这种技术形态不太常见，投资者也有必要了解其相关技术特征。

由字面意思可知，双向放量就是指价格上涨与下跌时都伴随着明显的放量现象。上涨放量，随后的下跌也放量，资金是想做多还是想做空便很难判断了。上涨和下跌都有资金参与，资金的操作行为不是"一边倒"的，也就增加了分析与操作的难度。

正常情况下，价格上涨之后缩量调整，说明入场做多的资金全部沉淀在了场中没有外撤，价格后期还会继续上涨；价格下跌之后缩量反弹，说明入场做空的资金均沉淀在了场中，下降趋势也将延续。而双向放量时，上涨有资金推动，下跌也有资金推动，当前的趋势能否延续就很难判断了。

如图 2 - 21 所示，价格持续下跌的过程中，量价配合非常完美，阴线都带着不同程度的放量，说明资金做空的积极性非常高，推动价格不断走低。而下跌过程中出现反弹走势时，阳线往往都保持着缩量的态势，说明没有做多的资金大规模入场，之前入场做空的资金也没有大规模平仓出局，做空的资金依然囤积在场中。在这种情况下价格又怎么可能不继续回落？

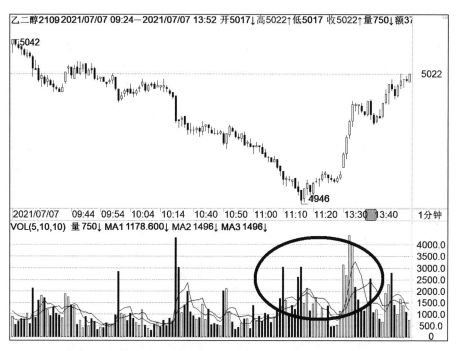

图2-21　乙二醇2109合约2021年7月7日1分钟K线走势图

价格下跌到低位区间后再次反弹，在初期反弹过程中，成交量依然保持着连续萎缩的状态。只要放量下跌、缩量反弹的完美配合没有改变，投资者就可继续看空。但随着反弹的延续，量价配合变得糟糕起来。上午临近收盘时，反弹大阳线伴随着巨量出现。阳线一旦带量，要么是有资金大规模入场做多，要么是做空的资金开始了大规模平仓，这种情况下，价格便很难再有动力继续下跌。

下跌时带量是完美的量价配合，体现了资金积极的做空态度；跌完之后上涨也是可以的，但必须缩量，以说明做空的资金没有离场，也没有资金入场做多。下跌之后的上涨如果也带量，就形成了下跌放量，上涨也放量的双向放量形态。两个方向的波动都带量，说明资金暂时没有就进出达成共识。是先前做空的资金反手做多，还是新入场的多头资金将之前的空方资金打败？面对这种量价形态，除了猜测没有直接的技术依据。资金行为一旦无法监控，就会产生预期外的风险。

在图2-22中，一开盘价格便出现了快速上涨的走势。在上涨过程中，

图 2-22 橡胶 2109 合约 2021 年 7 月 8—9 日 1 分钟 K 线走势图

阳线随着巨量出现,说明此时资金做多的积极性非常高。上涨之后价格出现了一段时间的调整,从初期的调整来看,量价形态还不错:成交量一直保持萎缩的状态,并且价格回落的幅度不是很大。在这种情况下,继续看多是正确的。

随着时间的推移以及价格波动重心不断小幅向下,价格最终彻底转为下跌的走势,在下跌过程中成交量出现了明显的放大现象。上涨放量,转为下跌时仍然放量,场中的资金到底想进行怎样的操作也就非常难判断了。无法对资金进出的性质快速地作出判断,便无法确定后期价格的波动性质,从而也就无法得知当前趋势的延续性如何。

双向放量会破坏原先的趋势,并且新的趋势的延续性如何也不能马上作出判断,必须参考第二次放量之后的量能情况再作打算。因此,如果之前持有多单,双向放量就是风险的信号;如果之前持有空单,则必须再看一下反弹时量能是否萎缩。只要形成了缩量反弹,就意味着形成了放量下跌、缩量反弹的完美量价配合形态;否则,下跌之后的形势如何就无法作出预判了。

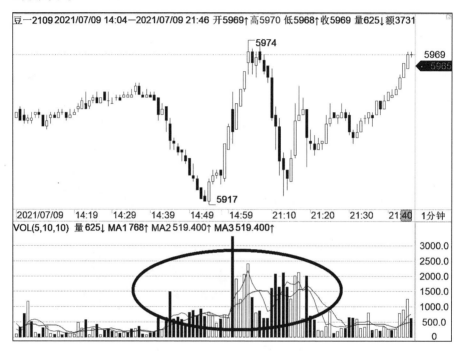

图 2 - 23　豆一 2109 合约 2021 年 7 月 9 日 1 分钟 K 线走势图

　　在图 2 - 23 中，价格在 14：30 之后出现了一波下跌的走势。下跌过程中阴线连续出现，每一根阴线都伴随着量能的放大，说明资金做空的态度非常坚决，价格因此快速回落。只要出现放量下跌现象，同时后期量能形态稳定，持续的下跌便会不断出现。

　　下跌之后必然会出现反弹的走势，"健康"的反弹必须是无量的。无量说明价格反弹时多方资金没有大举介入，空方资金也没有大规模平仓出局，做空的资金仍然留在场中，这是价格继续下跌的根本。但图 2 - 23 中的这一次反弹对空方非常不利。随着反弹的延续，成交量出现了明显放大的迹象，一来可能是多方抄底资金入场了，二来可能是之前的空方资金在大规模撤退。无论是哪一种情况，都对价格的进一步下跌不利。

　　之前下跌放量，而后反弹又放量，这就是双向放量形态。两个方向都带量就会使投资者很难判断入场资金的意图，价格有能力大跌也有能力大涨，但不管是涨还是跌，延续性都将很差。一波下跌及一波上涨都在放量之后，事儿还没完，价格再次呈现出放量下跌的走势。两个方向，两波下跌、一波上涨都放量，谁能说得清资金到底是要连续做多，还是要连续做空？这样的走势，不管是做多还是做空，往往都很难保住收益，如果介入成本再不占优势，就很有可能被市场左右打耳光——两头赔钱。

图2-24　棕榈2109合约2021年7月8—9日1分钟K线走势图

在图2-24中，价格形成了宽幅震荡的走势。虽然价格的低点在不断抬高，但想要成功抓住做多的机会是比较困难的，因为价格涨起来一波之后，便会马上出现深度回落，肯定会击破做多投资者的止盈线或是止损线。为什么价格走势如此怪异呢？主要原因在成交量上。

在价格下跌的时候，可以看到成交量明显放大的迹象，说明资金做空的态度很坚决。有了资金的支持，下跌行情应当可以很好地延续下去。但是，当反弹出现时，成交量并没有萎缩，反而形成了放量。下跌有放量，上涨也有放量，说明资金的操作方向转换得非常快，自然也就使得之前的趋势难以很好地延续下去。

放量下跌之后形成放量上涨的双向放量技术形态之后，空单一定要快速撤出。放量上涨之后再形成放量下跌的双向放量技术形态，多单也必须尽快离场。量能一旦变得异常，价格趋势的延续性就必然变得很差，所以说双向放量只会加大操作的难度，为分析、决策制造障碍。好在双向放量技术形态不会经常出现，大多数情况下出现的都是延续性较好的量价形态——放量之后跟着缩量，当前的趋势得以延续。

2.7　高低个儿量能

　　高低个儿量能是一种较为常见的量价配合形态，在 1 分钟 K 线图或 3 分钟 K 线图以及分时图中，每天都会看到它的身影。高低个儿量能给投资者的帮助就是提示风险、发出短线平仓的信号。在价格上涨过程中，一旦成交量形成高低个儿量能形态，上涨往往会暂告一个段落，价格要么在充分调整之后才继续上涨，要么直接转为下跌，此时继续持有多单将面临风险。在价格下跌过程中，若成交量形成高低个儿量能形态，价格要么经过一段时间的反弹后才有可能再次下跌，要么直接转为上涨的走势。

　　顾名思义，高低个儿量能由两部分组成，一是较高的成交量柱体，二是较低的成交量柱体。在价格波动过程中突然出现一根巨大的甚至是近一段时间内最高的成交量柱体，之后并没有连续出现放量现象，而是出现了快速的缩量。突发的巨量与快速的缩量组合在一起便形成了高低个儿量能形态。

　　在放量形成的时候，投资者可以继续持仓，因为放量之下价格往往会大幅波动，如果量能可以继续放大，就会促使一大波行情出现。而在突发性放量之后，一旦成交量出现萎缩，便意味着情况大为不妙：放量是资金介入的信号，但缩量体现的是资金没有入场，这说明当前的量能性质是混乱的，资金没有就进出达成共识。量能不稳定，价格的波动也就不可能稳定。

图2-25 尿素2109合约2021年7月8日1分钟K线走势图

在图2-25中，下跌时的量能配合还不错，每一根阴线都有放量，说明资金做空的态度较为积极，在放量下跌区间积极寻找介入点必然可以获得不错的收益。但是，上涨时的量能配合稍差一些，在整个上涨过程中，阳线的成交量始终没有放大，说明资金做多的积极性很低。面对无量的上涨走势，并不是不可以做多，只是不要预期会有较大的上涨行情。行情越大，越需要资金的推动配合，无量上涨只能产生小行情。

经过一段时间的上涨之后，在成交量巨幅放大的情况下，价格收出了一根较大实体的阳线，看似有了加速上涨的迹象。由于此时的放量是第一次，因此在未来的行情中，成交量有可能继续放大，也有可能萎缩下来；如果能够继续放量，就可以继续持仓迎接大行情的到来。可是，此时的放量却无法延续。一根巨大的成交量柱体出现之后，在第二根K线处成交量便出现了明显的萎缩，说明虽然有资金参与操作，但其交易的延续性很差。资金不主动、连续地操盘，价格必然不可能继续上涨。

近一段时间最高的那一根量能柱体形成了高个儿量能形态，紧接着的缩量形成了低个儿量能形态，组合在一起便是标准的高低个儿量能形态。从后期走势来看，高低个儿量能形态形成之后，价格的上涨也到了尽头，并在后期转为下跌。放大阳时不宜出局，一旦看到成交量明显萎缩就马上出局，这样一来，便可以规避后期全部的风险，并且很好地保住收益。

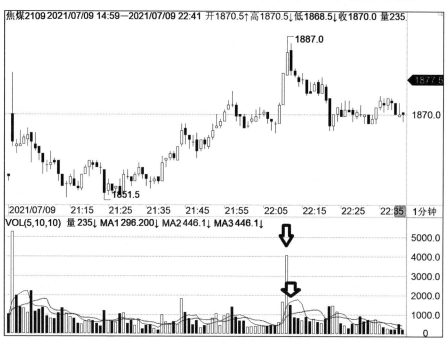

图 2-26 焦煤 2109 合约 2021 年 7 月 9 日 1 分钟 K 线走势图

在图 2-26 中，价格在震荡上涨时，成交量始终较为稳定，并没有出现集中放大的现象。这样的量价配合都可以视为异常量价配合。成交量没有放大但价格涨了上去，这往往是受当天市场多头氛围的带动，并不属于主动式上涨。在价格非主动式上涨的情况下，不可预期会产生较大的行情。

价格上涨到高点之后，连收大阳线，第二根大阳线出现时量价配合不错，成交量温和放大促使价格加速上涨。温和的放量说明后期还有进一步放量的空间，价格自然有进一步上涨的空间。温和放量上涨是量价配合形态中最完美的，说明积极入场的资金虽然有了一定规模，但也没有大到会导致交易行为出现分歧。

　　温和放量之后成交量继续放大，但这根量能柱体成了近期最高的一根。此时，投资者就需要提前做好准备：如果量能还能延续放大就继续持仓，如果量能出现萎缩就要警惕风险的到来。巨量过后，成交量急速萎缩，一高一低的量能柱体形成了鲜明的对比，将资金进出的严重分歧展现了出来。若资金连续入场，又怎会缩量？资金产生分歧之处，就是风险聚集之地。

图 2 - 27　玻璃 2109 合约 2021 年 7 月 7—8 日 1 分钟 K 线走势图

　　在图 2 - 27 中，价格上涨时基本上每一根大实体的阳线都伴随着放量，说明资金入场做多的积极性很高。只要有资金持续入场操作，价格就很容易走出较大幅度的上涨行情。放量上涨行情一旦出现，投资者日内获得10% 以上的盈利是很轻松的。

　　价格上涨之后出现了较长时间的调整走势，在持续调整过程中，成交量始终没有放大的迹象，说明之前入场的多头资金仍然留在场中，而场外的空头资金没有入场进行大规模的做空操作，如此一来，价格便没有大幅下跌的动力。

在第二轮调整的低点处，一根放巨量的大阴线突然出现。这是价格要加速下跌的信号吗？如果这一根阴线的成交量是温和放大的，反倒不好，因为如果成交量还有进一步放大的空间，很容易导致价格继续回落。这一根阴线的巨量反而化解了风险，上来就这么大的量，后期如何进一步放量？巨量之后，成交量马上萎缩，形成了非常标准的高低个儿量能形态。此时价格是下跌的，表示下跌行情很有可能结束。结合之前整体放量上涨的行情，就可以确定此时为重要的调整低点，不仅不需要害怕价格有可能走低，反而还应当积极地在调整低点入场，以把握盈利机会。

图 2-28　棉花 2109 合约 2021 年 7 月 9 日 1 分钟 K 线走势图

如图 2-28 所示，价格下跌过程中，成交量始终保持温和放大的态势，这是资金有序操作的信号，会促使价格有节奏地一步步向下滑落。只要下跌的量能没有混乱或是没有出现放量反弹，整体的下跌行情就不会终止。

在价格进一步创出新低之后，成交量改变了之前温和放大的形态。随着大阴线的出现，成交量也急剧放大，并成了整个下跌过程中最高的一根量能柱体。此时投资者就需要思考：价格已经跌了这么多，此时的放量会是空方资金的入场所致吗？普通投资者可能会入场，但主力不会。既然不是空方资金入场，那就只有两种可能了，一是多方资金入场，二是空方资金获利平仓离场。

多方资金入场会导致成交量连续放大。这种情况从后面的缩量来看，可以排除了，因为见底后的第一波反弹并没有出现连续放量的迹象，没有放量便没有多方资金的入场。那便只剩最后一种可能了：空方资金在大规模撤退。从后面的走势来看，价格迟迟跌不下去，也证实了"空方在撤退"的分析更贴近市场真实情况。

巨幅放量而后急速缩量，巨大的成交量柱体是高个儿，急速缩小的成交量柱体是低个儿，高低个儿量能一旦出现，价格要么形成局部的高点或低点，不经一番震荡不可能再次延续之前的趋势，要么形成绝对的高点或低点。不管是哪一种性质的高点或低点，都必然会给当前的持仓带来风险，因此，在放量之后急速缩量的过程中，有必要将手中的持仓暂时平掉，以此来锁定到手的收益并规避价格后期波动的风险。

2.8　斜 8 字量能

高低个儿量能解决的是如何规避风险的问题，而斜 8 字量能解决的则是风险延续性的问题。高低个儿量能出现时，投资者于急速缩量的那一根 K 线处已完成了平仓操作，接下来就要解决什么时候再入场的问题了，而斜 8 字量能就可以告诉投资者这个问题的答案。

受成交量突然放大的影响，均量线指标中的 5 周期均量线会快速向上，而 10 周期均量线因为计算数据多，不能像 5 周期均量线一样紧密追随量能的变化，其变动往往表现得比较平缓。5 周期均量线快速向上，拉大了与 10 周期均量线间的距离，而后随着缩量的出现，5 周期均量线与 10 周期均量线形成死叉，至此，8 字的左半圈闭合成功，死叉形成的节点便是 8 字的"小蛮腰"。受后期持续缩量的影响，5 周期均量线持续位于 10 周期均量线下方，这便是斜 8 字量能的右半圈。

那么，风险区间如何判断呢？在斜8字量能右半圈没有闭合的情况下，也就是5周期均量线与10周期均量线没有重新形成金叉，便不适合入场进行操作。斜8字量能右半圈没有闭合则意味着成交量一直在萎缩，在这种情况下，调整往往会不断延续，并且很难促成较大的行情。因此，右半圈不闭合便可以视为风险一直在延续。

图2-29　沪铝2108合约2021年7月7日1分钟K线走势图

在图2-29中，价格连续下跌见底之后出现了一波反弹的走势，反弹区间的量能整体保持无量的状态，面对这样的走势，不可对上涨的幅度预估太高。下跌之后无量上涨，说明资金做多的积极性很低，没有大量资金入场操作，价格便没有持续上涨的动力。

经过一段时间的反弹后，于高点的阳线处成交量急剧放大，形成了近一段时间里第二根巨大的量能柱体。可惜的是，放量并未延续，紧接着便快速缩量，形成了非常标准的高低个儿量能形态。高低个儿量能意味着多单风险的到来，那什么时候多单风险才可能会化解呢？这个时候就需要继续观察斜8字量能的情况了。

从图 2-29 中可以看到，突然的放量和缩量使得 5 周期、10 周期两条均量线形成了张口和死叉的形态。随着均量线死叉的形成，斜 8 字量能的左半圈闭合，而后持续的缩量则会使右半圈不断延长。多单的风险什么时候能够化解，就要看斜 8 字量能的右半圈何时封口，封口之时，多单的风险也就化解得差不多了，投资者便可以根据具体的价格形态寻找介入点。

图 2-29 中均量线的形态像不像一个斜着的数字 8？并且在该图中，斜 8 字量能还不止一个，读者朋友们请试着找一下其他的斜 8 字量能形态吧！

图 2-30　锰硅 2109 合约 2021 年 7 月 7 日 1 分钟 K 线走势图

在图 2-30 中，价格的上涨表现整体来看不太好。之所以没有形成持续的上涨行情，主要原因是成交量过于平淡，大部分时间成交量都保持低迷的状态，说明入场操作的资金并不是很多。得不到资金大量入场的配合，价格自然也就难以走出激动人心的强势上涨行情。

在价格上涨到图 2-30 中最高点的时候，形成了非常标准的高低个儿量能，巨大的阳线成交量柱体突然出现，而后成交量又快速萎缩。在第二根或最晚第三根明显缩量的量能柱体处，手中的多单有必要先平仓出局。高低个儿量能解决了价格是否到了高点、是否应当出局的难题，但是，风险并没有结束，而是刚刚开始。

　　在斜8字量能右半圈没有封口的时候，风险依然存在，这是成交量持续萎缩的体现。没有资金介入，价格又怎么可能有动力产生大幅的波动？而斜8字量能右半圈的闭合则往往意味着成交量有放大的可能，资金来了，价格的波动幅度自然会加大，机会也就会随着放量的出现、斜8字量能右半圈的闭合而到来。

图2-31　苹果2110合约2021年7月8日1分钟K线走势图

　　在图2-31中，在下跌的低点突然收出带量的大阴线，这根阴线的量能创下了近一段时间最大的成交量。对于这种巨幅放量的走势一定要重视，若能像图2-31中最右侧那样延续性地大幅放量，价格则可能加速下探，若阴线的量能不能持续放大，则价格很容易在后期缩量的过程中形成一个重要的低点。

　　巨大的阴线出现之后，成交量并没有马上萎缩下来，后续的两根小阳线都带着大量。按说大量出现时，价格要么大跌，要么大涨，这不涨不跌的就增加了分析的难度。面对放量而无法确定资金进出方向时，不轻易操作。

随后的缩量使得技术形态变得非常标准，随着5周期均量线与10周期均量线形成死叉，斜8字量能的左半圈形成。在成交量持续萎缩的情况下，空单都是有风险的，因为至少当前没有资金愿意入场做空。在没有资金主动入场做空推动时，就算价格后期还会继续下跌，也必然会经历一定时间的反弹。此时正确的操作就是，在巨量之后快速缩量时先行出局，而后在斜8字量能右半圈闭合之时再择机入场做空。

图2－32　沥青2109合约2021年7月7日1分钟K线走势图

在图2－23中，成交量在中途出现了一次最大的放量，但巨量仅保持了两根K线便又迅速转为缩量，高低个儿量能技术形态非常明显，只不过此时的高个儿量能由两根放量组成，与标准的单根放量略有不同。但是，高低个儿量能的分析核心并不在于放量，而在于快速缩量，缩量抹杀了放量的"功劳"，使当前的趋势方向带有风险。

073

高低个儿量能之后，成交量持续萎缩，价格则一直在反弹。如果在此区间继续持有空单，就会面临利润回吐，一旦空单持仓价位较低，还可能会被迫止损。因此，在斜 8 字量能右半圈没有封口之前的整个缩量区间，除非能找到合适的高点做空，否则最好在场中观望。

斜 8 字量能左半圈延续的时间往往不会很久，但是右半圈形成的时间有时会很长，有时则较短。在不考虑高点做空的情况下，只要斜 8 字量能的右半圈没有闭合，成交量没有放大的迹象，便说明风险依然存在。在无量中，价格能够顺利反弹，但无法顺利地大幅下跌。

若各位读者朋友对本章内容有技术上的疑问，可联系笔者团队进行交流（微信：18588880518，QQ：987858807），以使您的学习不留疑点、难点。让我们一起进步！

3 成交量与持仓

　　成交量对操作最大的帮助，一是提示缩量区间，让投资者做好战斗准备；二是提示持仓操作。成交量的大小变化反映的是资金的进出数量，结合价格所处的位置便可以判断出资金是在进场还是在离场，是要做多还是要做空，持仓成本大致是多少。对重要的信息进行加工，便可以很好地指导操作。

　　结合成交量对持仓进行分析时，要在短周期K线图中进行，长周期K线图是不适用的。在期货实战操作过程中，对长周期K线的分析只需要看价格具体的波动形态。

3.1　量能不缩别害怕

　　放量与缩量不是一个具体的数字，没有固定的标准，而是对比的结果。通过量能较大区域和量能较小区域间的对比，投资者可判断当前是否有资金进出，以及资金进出的数量。所以，想要知道成交量是否放大，要么以首次放量为参照，要么以缩量区间为参照。但在对成交量进行分析以判断是否可以继续持仓的时候，就要与前后放量区间的量能状况进行对比。

　　价格放量上涨或放量下跌之后，若后期继续上涨或下跌，成交量依然没有萎缩，始终保持着较大的量能状态，便说明有大量的资金积极入场。有资金推动，价格的波动自然不会衰减，因此，在后量与前量保持一致，甚至超过前量的情况下，就应当继续坚定持仓。什么时候成交量出现了萎缩迹象，什么时候再看具体的价格形态，做好出局的准备。

图 3-1　铁矿石 2109 合约 2021 年 7 月 9 日 1 分钟 K 线走势图

在图 3 - 1 中，价格见底后出现了第一波上涨的走势，创下了开盘以来的新高，奠定了当天多头趋势的坚实基础。在价格连续拉阳线上涨的过程中，成交量也较之前的缩量明显放大。由于此时是价格第一轮上涨时的放量，便可以确定这是多头主力资金的首批建仓成本区，只要价格离建仓成本区不远，上涨行情就会不断地延续下去。

随着价格进一步上涨，是否可以继续持仓就需要仔细分析了。此时，可以将首轮放量作为参照，若后面的行情中，成交量大于参照量，则意味着资金继续做多的积极性很高，也就可以继续大胆地持仓了。一直踩着油门，车速怎么可能变慢呢？

价格上涨到高点区间，22:20 之后的阳线对应的成交量出现了萎缩的迹象，说明资金做多的积极性开始降低，这个时候可以考虑减仓或是清仓。量能不缩便一路持仓，这是因为在资金活跃的区间，价格波动幅度不会减小，而量能一旦萎缩，要么资金暂停了操作，要么资金已经撤退。若只是暂停操作倒还好，价格在调整一番后还将继续上涨；若资金已经撤退，则意味着风险来了。所以，量能不衰减便可一路持仓，量能一衰减便要平仓出局。

在图 3 - 2 中，一开盘便出现了一轮放量上涨的走势，说明主力资金开盘便杀入场中进行建仓操作，这往往很容易在当天引发一波较大的上涨行情。

刚开盘时的放量自然是当天重要的参照量，只要价格后期上涨时的成交量与它保持一致，或明显超过它，那上涨行情就会很好地延续下去。从图 3 - 2 中后期价格上涨时的成交量来看，要么形成了更大的放量，要么与早盘时的放量保持一致，说明资金在盘中做多的积极性从未降低，这就是当天价格能走出大幅上涨行情的主要原因。

参照量的作用在于可以有效检测出资金进出的数量。入场资金数量多，价格就更容易走出较大幅度的上涨行情；入场资金数量少，价格上涨的高度就将受到影响。同时，参照量往往是主力资金的首批建仓成本区，若价格离该区间较近，则表示未来的行情还有很大的空间；若价格已经远离该区间，再见到高位放巨量或是大幅缩量时，则应留意，风险随时有可能到来。

图 3-2　纸浆 2109 合约 2021 年 7 月 9 日 1 分钟 K 线走势图

图 3-3　鸡蛋 2109 合约 2021 年 7 月 9 日 1 分钟 K 线走势图

在图3-3中，价格在较长一段时间内保持横盘，价格波动重心既没有上移，价格也没怎么下跌，主要原因是成交量放大得不够充分，没有资金大量入场，价格也就很难走出大幅的趋势性行情。

同样，由于成交量没有明显的集中放大，也就很难找到可以参考的量能。找不到参照量，又该如何分析呢？能找到参照量时，分析是很简单的，有了前后的对比，可以轻易地判断出当前行情中资金入场的数量、资金的成本以及资金交易的积极性。若没有参照量，则只关注成交量柱体的放大是否连续就可以了。

在图3-3中最右侧价格快速下跌时，成交量整体保持着不断放大的状态。量能越来越大说明资金做空的积极性越来越高，价格越是下跌，资金便越愿意入场进行操作，生怕错过了大好的赚钱机会，而入场的资金越来越多，又推动价格更大幅度地下跌，从而形成了良性循环。在具体操作时，只要成交量保持放大，便可以坚定持仓，直到阴线的成交量开始萎缩、资金交易的积极性开始下降。

图3-4　塑料2109合约2021年7月7日1分钟K线走势图

在图3-4中，价格在高位无量震荡了一段时间后便形成了持续性的下跌走势，在下跌初期形成了第一次的放量堆。虽然此时的放量还不算非常充分，但第一次放量的性质非常重要，会成为后期量能放大与萎缩的重要参考。

从后期的下跌走势来看，主要下跌阶段的成交量大于首轮放量区间，说明资金入场做空的积极性越来越高。只要有更多的资金入场，那么，价格下跌的趋势就会长时间地延续下去，这就意味着在放量下跌的过程中，投资者一定要坚定地持有空单，千万不要在缩量出现之前过早平仓。

三堆放量结束之后，价格虽然继续保持下降的趋势，但成交量的配合却不太好，相比参照量来看，无论是成交量柱体的高度，还是放量的密集程度都有了明显的下降。是不是缩量出现就可以平仓了呢？缩量是作出平仓决策的一个重要条件，但在实战中不能仅看成交量，还要看价格的走势。在缩量区间，价格并没有反弹，依然保持明确的下降趋势，因此仍可以继续持仓，只不过要随时做好出局的准备。

3.2　不见巨量不撒手

081

资金入场时成交量会出现放大的迹象，但量能放大的位置很关键。若价格呈上升趋势，那么，只有价格低位或上涨初期的放量才是主力资金在做多建仓；若价格呈下降趋势，那么，只有价格高位或下跌初期的放量才是资金在做空建仓。

价格上涨或下跌之后，之前介入的资金有了盈利，此时就需要随时留意资金是否已经离场出货了。主力资金不撒退，表明对当前的收益还不满意，还会继续控盘，此时价格的波动方向就会很好地延续下去。一旦主力资金开始出货，则表明上涨或下跌行情将会结束，投资者就有必要平仓出局了。

主力入场时成交量会放大，而在主力资金撒退的时候，成交量也必然有所放大。大量的资金在市场中进出必然会留下痕迹，只要对这些放量堆的位置进行分析，就可以判断出主力资金的行为。主力建仓我们入场，主力离场我们也要撤出，在没有发现主力离场迹象时，则可以继续持仓。

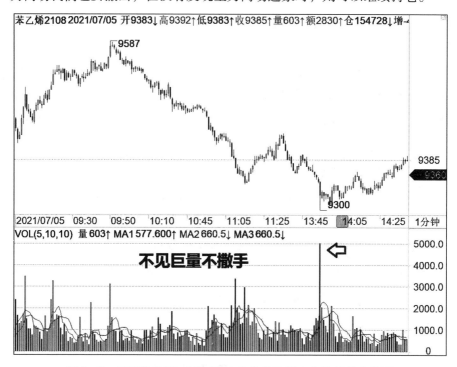

图 3 - 5　苯乙烯 2108 合约 2021 年 7 月 5 日 1 分钟 K 线走势图

在图 3 - 5 中，在价格下跌初期和中期，成交量始终保持比较稳定的状态。量能越稳定，说明资金的控盘越有节奏，行情延续性也越好。

经过几大波下跌之后，行情于低点处收出了一根巨大的成交量柱体。放量现象出现的位置价格比较低，因此，这肯定不是主力资金入场建仓做空引起的，而是空方资金大规模撤退引起的。资金在这一根 K 线上集中出局，导致了成交量的巨幅放大。但这是不是多头资金的建仓，还要看后期是否出现了更多的集中放量现象。

放量之后又快速缩量，形成了经典的高低个儿量能形态，可见，对于空方来说，价格后期的波动充满了风险。没有见到巨量前，只要成交量保持着温和放大，便可以继续持仓，一旦量能变得异常，在资金操作行为混乱的情况下，价格下跌的稳定性也将大大改变。

图3-6 纯碱2109合约2021年7月7日1分钟K线走势图

在图3-6中，价格突然出现了一轮快速下跌的走势，虽然持续时间较短，但凌厉的下跌却可以在很短的时间内给做空的投资者带来巨大的收益。短短几根K线的时间，20%的收益就到手了。

前两根阴线对应的成交量略有放大但并不过分，随着第三根超大的阴线出现，成交量也创下了近一段时间的最大量。这么大的量能，跟历史上任何时期的走势相比，都是绝对的巨量。巨大的量能意味着有大量的资金在进进出出，这就是资金交易出现混乱的直接体现，而一旦资金交易变得混乱，价格也就很难稳定地延续之前的波动方向了。

不见巨量便可以坚定持仓，一旦见到巨量便应当出局，其中有什么原理呢？在价格下跌初期，成交量往往比较稳定，说明主力可以完美控盘，一切都是主力说了算。而当巨量出现时，其中既有主力的资金，也有大量场外的资金，还有大量场中其他投资者的资金，有的资金继续做空，有的资金平仓空单，有的资金平仓多单，有的资金入场做多，几股力量的叠加导致成交量变得异常巨大，主力资金此时已无法掌握局面。这就给投资者的分析带来了极大的难度，在看不清前路的时候，最好的办法就是停下来先仔细观察观察。

图3-7 焦炭2109合约2021年7月9日1分钟K线走势图

如图3-7所示，在价格上涨的过程中，成交量虽然有所放大，但放大的程度却不够，一是成交量柱体不够高，二是密集程度也较低，说明主力资金入场的数量并不多。主力持有的仓位不重，也就意味着当主力想出货时，可以轻易地从场中撤出。

在整个上涨的过程中，成交量都比较稳定，只要成交量没有放大，上升趋势依然很好地延续，投资者就可以坚定持仓。上升趋势形成，又没有出现放量，说明主力资金依然在场中没有撤退。主力不走，上升趋势便不会终止。

上涨到高点之后，成交量突然放大，形成了近一段时间最高的量能柱体，意味着资金的操作出现了混乱。普通投资者的操作往往没有统一性，能够在同一时间、同一价位集体进行操作的只有主力的资金，价格已经涨到这么高，肯定不是多头主力在建仓，那便可能是多头主力在出货。那有没有可能是空头主力在建仓呢？不排除这种可能。但多头主力撤退和空头主力建仓，是不是都会对上升趋势起到破坏的作用呢？

图 3-8　甲醇 2109 合约 2021 年 7 月 2 日 1 分钟 K 线走势图

在图 3-8 中，价格经历了一轮下跌的走势和一轮上涨的走势，虽然波动方向不同，但有着明显的共性：放出了较大的成交量之后，又有明显的缩量。

价格下跌到低点出现放量，这会是空头主力资金的建仓吗？能够控制价格的波动，却不在高位做空建仓，而是在价格大幅下跌后才入场做空，显然不符合逻辑！同理，明明有低位建仓多单的大好机会，却非要等到价格大幅上涨之后才入场，这合理吗？因此，下跌低点的放量肯定不是空头主力在建仓，上涨高点的放量也肯定不是多头主力在建仓。

由此，低点的放量就只能是空头主力在出货，或多头主力在建仓，而不管是哪种性质的操作，都会对下降趋势产生破坏；高点的放量只能是多头主力的撤退或空头主力的建仓，而无论是多头撤退还是空头入场，上升趋势都将进入尾声。

知道了上涨后高点的量能性质以及下跌后低点的量能性质，在价格上升或下降的过程中，只要成交量稳定，就可以坚定持仓。不见放量，主力资金便无法离场，主力资金未撤退，行情便有机会延续。一旦价格低点或高点形成放量，空头或多头就需要及时平仓。主力进，我们进；主力撤，我们自然也要赶紧出局。不见巨量不撒手，见了巨量随庄走！

3.3　量能萎缩盈利少

成交量的萎缩常会出现在以下几种情况中：第一，上涨或下跌后的正常调整区间。这个区间往往只是价格的停顿，主力资金暂时休息。第二，大幅上涨或下跌之后的震荡区间。在这个区间，主力资金已完成了一轮操作并成功撤退，在新的主力没有入场前，场中将处于无人管理、只有散户在自由交易的状态，所以会保持一段时间的缩量状态。第三，价格大幅上涨的末期，或价格下跌的末期。这往往是主力资金正在出货，但还没有出货完毕的区间，因为主力只想出货变现收益，所以必然不愿意再投入更多的资金来维持价格，成交量也就在上涨或下跌的末期不断地萎缩。

在上升趋势延续的情况下，成交量不大就可以继续持仓，这就好比车快到终点站时，已经开始减速了，但还没有停下，所以不能下车。成交量虽然萎缩了，提示价格上涨或下跌的动力不足，但趋势方向还未变，因此暂时还可以持仓。只不过此时的持仓应该是谨慎持仓，因为价格的位置不太好了，刚经历完一大轮行情，在量能稳定的情况下就算价格还能上涨或下跌，利润也会大大降低，所以积极的持仓态度在此时就需要转变。

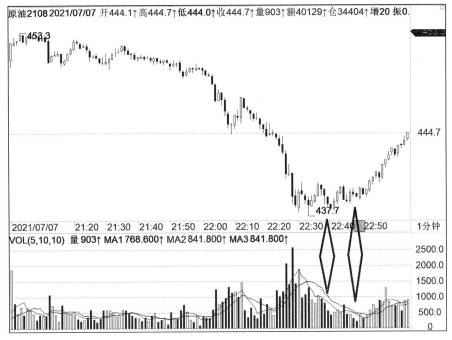

原油2108 2021/07/07 开444.1↑高444.7↑低444.0↑收444.7↑量903↑额40129↑仓34404↑增20 振0.

图 3-9 原油 2108 合约 2021 年 7 月 7 日 1 分钟 K 线走势图

在图 3-9 中，价格下跌时的量能配合堪称完美。每当下跌走势出现时，成交量都会配合放大，并且越下跌成交量越大，这说明随着下跌的延续，资金入场做空的积极性非常高。而每当反弹出现时，成交量又会明显萎缩，这说明空方资金仍然留在场中，而多方资金也没有大举杀入，是空方资金依然掌控局面的信号。正是因为这些良性因素始终存在，价格才可以持续不断地大幅下跌。

价格下跌到低位见到放大的成交量后，价格的波动性质出现了转变，毕竟在这么大幅度的下跌之后，场中的资金已经实现了非常大的收益，也到了变现收益的时候。但价格在转变为上升之前，仍然经历了两次下跌的走势，这两次下跌却未能促使价格创下新低继续向下，这是什么原因呢？

若只从价格角度来看，只能从较低的位置上判断出下跌可能进入了尾声；若结合成交量进行分析，就很容易找到答案：价格在低位波动时，成交量出现了明显的萎缩迹象，价格越跌成交量越小，说明资金此时失去了做空的兴趣。没有资金参与做空，价格下跌的幅度必然会越来越小，若此时继续持有空单，就算价格能创下新低，收益也必然是非常小的。因此，在价格的低位发现阴线量能有萎缩迹象时，一定要意识到后期的盈利会越来越少，价格下降的趋势随时可能扭转。

图3-10　苹果2110合约2021年6月22日1分钟K线走势图

在图3-10中，价格出现了连续下跌的走势，在下跌过程中，有量价配合完美的区间，也有量价配合无规律的区间，还有量价配合异常的区间。对价格不同位置的量能进行分析，就可以得知当前资金在场中操作的意图，从而为制订操作计划提供可信的依据。

第一轮下跌之后，随着两根巨大的成交量柱体的出现，资金暂时陷入了混乱状态。面对这么大的阴线量能，很难说清楚资金到底想干什么。一轮反弹之后，价格再度下跌，此时阴线的量能与之前相比出现了明显的萎缩迹象，说明资金在场中做空的积极性降低了。缩量的下跌很难给投资者带来较大的收益。缩量下跌说明资金运作的活跃程度下降，在这种情况下，收益的预期就必须降下来。

长时间的震荡过后，价格又出现了一大波放量下跌的走势。主要下跌阶段结束后，价格依然保持着反弹再下跌的走势，但再也没有出现过凌厉的下跌走势，主要原因就是成交量出现了萎缩。就好像开车一样，松了油门，车速又怎么可能不降下来？一旦在大幅下跌之后见到缩量下跌的走势，就一定要意识到价格下跌的幅度将会减小，后期持仓的收益将会大幅下降。缩量下跌的情况下虽然可以继续持仓，但收益预期不宜过高。

图 3 - 11　沪铜 2108 合约 2021 年 7 月 9 日 1 分钟 K 线走势图

如图 3 - 11 所示，在价格上涨过程中，成交量始终温和放大，说明该品种价格的上涨没有得到资金大规模入场的推动，属于被动式上涨，多是由市场整体的多头气氛带动起来的。

价格上涨到高点之后并没有出现放量，资金于什么时候离场就很难判断了。高位之所以没有放量，与资金入场规模不大有直接关系，入场的资金数量不多，高位出货时没有导致放量也就很正常了。虽然没有放量来帮助投资者监测资金的动向，但对上涨末期的缩量进行分析，依然可以作出正确的判断。

一波行情上涨到高位后，价格虽然再次创出新高，此时阳线的成交量却明显呈现出连续缩量的迹象。资金前期入场的数量本来就不多，此时又再次缩量，表示资金操作的积极性进一步降低。量能越来越小，价格又怎么可能会扩大涨幅呢？所以，此时持仓，收益预期一定要降低，缩量之下盈利的幅度不可能加大。

图 3-12　不锈钢 2108 合约 2021 年 6 月 30 日 1 分钟 K 线走势图

　　图 3-12 中价格的上涨属于主动上涨。相比图 3-11 中沪铜 2108 的走势，不锈钢 2108 在价格上涨过程中，成交量放大得非常充分！这是资金大规模入场的信号。只要有资金积极推动，不管市场是不是多头氛围，该品种都随时可以爆发行情。能不能涨并不取决于市场的氛围，而取决于资金的操作意向。

　　在价格高位，经过一轮调整后，价格再次上涨，但此时上涨的性质就完全变了：在之前的上涨中，资金纷纷主动入场操作，成交很活跃，价格上涨很快，涨幅很大；而调整后再次上涨时，阳线的成交量明显大幅减少，说明此时资金继续做多的意愿大幅降低。一旦主力资金停止积极主动的做多操作，价格要么停止上涨，要么直接转为下跌，这就会给之前的多单带来风险。

在价格缩量上涨时，投资者还是可以继续持仓的，因为此时上升趋势并没有终结。但是，由于资金做多积极性大幅降低，对后期行情的涨幅预期一定要降下来。量能大、涨幅大，预期要高；量能小、涨幅小，预期要低。缩量上涨之下，盈利很难大幅增长，如果此时还秉持之前的上涨预期，就很容易在价格形成反转走势时还固执地持有多单。在缩量上涨时降低收益预期，一旦方向有所转变，便可以第一时间止盈离场。

3.4　量能增大利润高

在持仓的时候，碰到成交量出现萎缩迹象，收益预期就要降低了，因为在资金入场数量减少以及操作积极性降低的情况下，价格是不可能走出更大幅度的上涨或下跌行情的。但如果在持仓过程中，成交量没有萎缩，而是进一步形成放量，就可以把目标设置得更大一些，以此赚取更多的收益。这是因为成交量的进一步放大说明入场的资金变得多了起来，更多的资金入场将会促使价格形成更大幅度的波动，这就像开车时加大了油门一样，车速必然会变得更快。

持仓时碰到成交量放大，就可以将之前参照量区间的涨跌幅或是前一波行情的涨跌幅作为参照，在此基础上把目标调整为参照量的 1.3～1.5 倍。比如前一波涨了 50 元，在当前量能增大的行情中，价格有很大可能会涨 65～75 元，甚至更高。因此在持仓的时候不宜过早平仓出局，如果在放量涨跌的区间都不敢放胆大赚一笔，那就太可惜了。

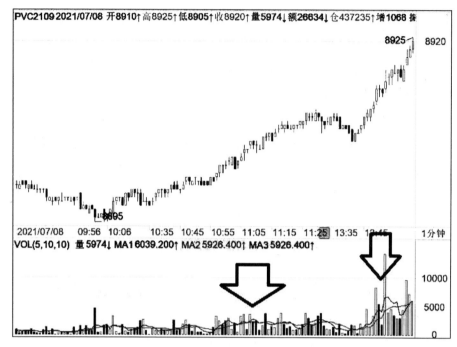

图 3-13　PVC 2109 合约 2021 年 7 月 8 日 1 分钟 K 线走势图

如图 3-13 所示，在价格第一轮持续上涨时，成交量虽然有所放大，但始终处于温和状态，说明资金入场的数量较为有限，这种温和上涨的行情多是由当时市场整体的多头气氛给带动起来的。

一大波上涨结束后，价格出现了调整的走势。从整体调整形态来看，回落的幅度较小，调整区间也没有巨大的阴线实体出现，同时，调整区间的成交量也没有放大，这表明多头资金仍留在场中，由此便可以推断价格后期还会继续上涨。

调整结束价格再次上涨。在第二轮上涨过程中，成交量与之前相比出现了集中放大的迹象，说明资金开始了更加积极的操作。此时若仍持有多单，一定要大胆继续持仓。在资金更大规模、更积极地入场时，价格上涨的速度只会越来越快。这一点从第二波上涨时的上行角度便可以看到，量能的增大必然会给投资者带来更大的收益，此时要做的就是不见量能异常绝不平仓。

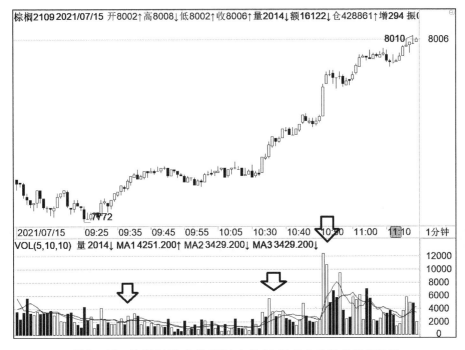

图 3-14 棕榈 2109 合约 2021 年 7 月 15 日 1 分钟 K 线走势图

如图 3-14 所示，在价格第一轮上涨过程中，成交量放大的状况很不理想，很显然，此时的上涨是由市场多头气氛的带动产生的，并非资金的主动交易行为。

在第二轮上涨过程中，成交量相比第一轮上涨明显加大，这是资金开始更加积极操作的信号。由于油门踩得更猛了，价格第二轮上涨的速度相比第一轮明显加快，并且整体上涨的幅度并不输第一轮上涨时的涨幅。由此可见，在价格上涨过程中，一旦量能进一步连续放大，就会带来更好的盈利机会。

上涨中途，随着大阳线的出现，价格上涨的力度又一次加大。价格上涨力度、上涨幅度加大的根本原因就是成交量再一次出现了集中放大的现象。量能放大说明入场资金更多，逐利而来的主力资金在此时入场难道是为了套住自己吗？若只是单根放量，那有可能是主力资金在高位出货，但集中放量，并且价格还能连续上涨，便绝不可能是主力资金的出货行为。既然不是出货，那便会对价格的上涨起到良性作用。

图 3 - 15　沪镍 2108 合约 2021 年 7 月 14 日 1 分钟 K 线走势图

如图 3 - 15 所示，价格于整体下跌过程中出现了多次放量下跌的走势，并且每次下跌的量能状况均不相同，这就意味着投资者在持仓过程中，需要结合不同的成交量形态来调整自己的盈利预期或持仓手法。

图 3 - 15 中第一个箭头标注的区间，是开盘缩量之后的第一次放量，因此，可以成为当天的参照量，不仅可以帮助投资者判断出后期的成交量是放大还是萎缩，还可以以这一波下跌的幅度为参照物。若后期价格下跌时的成交量变小，则下跌的幅度会比这一波小；若后期下跌时的成交量变大，则下跌的幅度会比这一波大。如此，便可以制定出较为精准的盈利目标。

经过一段时间的缩量反弹后，价格继续下跌。在下跌过程中，成交量有了连续放大的迹象，但成交量柱体仅比参照量大了一点点，说明入场的资金虽然在增多，但并没有增加太多，由此便可以推测，价格的跌幅虽然会扩大，但不会扩大得太多。而第三波下跌时，成交量更进一步放大，成交量柱体是参照量的 2 倍，此时便可以对盈利目标进行简单调整：第三波下跌的幅度将会是参照量区间的 2 倍。只要没有达到 2 倍的目标，就应当坚定持仓。量能加大的过程中，千万不能赚点蝇头小利就过早平仓，大的行情必然发生于大的成交量延续区间。

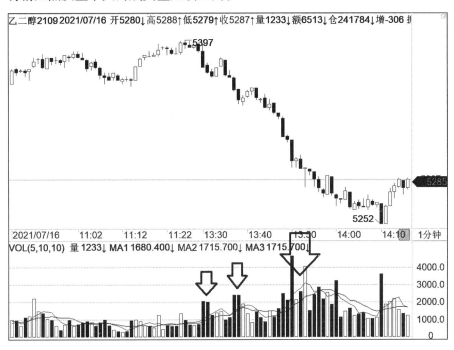

图 3 - 16 乙二醇 2109 合约 2021 年 7 月 16 日 1 分钟 K 线走势图

在图 3 - 16 中，价格走出了一波持续下跌的行情。价格之所以能够保持简单的下跌形态，与资金积极地推动有着直接关系。价格在下跌过程中，阴线始终对应着放量的态势，量能的放大便是主力资金一次又一次向投资者传达的会有大行情出现的信号。

价格处于高位刚刚转为下跌的时候，成交量便出现了放大的迹象。这是下跌行情以来的首轮放量，由此可以确定这是主力资金的首批建仓成本区，只要在主力建仓成本区附近进行做空操作，便可以轻松地捉住一整段的行情。它具备了首轮放量的性质，因此还身兼参照量的重要意义，将后面的成交量变化情况与它进行对比，便可以及时发现机会或风险到来的信号。

从后面下跌的过程来看，成交量始终没有萎缩，并且量能的集中性也非常高，经常会有成交量柱体超过之前的量能柱体。这些现象都说明资金入场做空的积极性始终高涨，只要没有缩量或是异常量能形态出现，价格"健康"的下跌走势便不会轻易结束。在量能增大区间该如何做？自然要坚定地持仓。若放量区间都没有赚到巨大的收益，在量能萎缩的区间就更别想了。量能增大，收益增大，难得的大好获利机会可千万别错过。

3.5　量能相似利相似

在后期价格上涨或下跌的过程中，若成交量减少，则意味着主力资金的交易积极性下降，会使得后期价格的波动幅度降低，从而无法实现利润的大幅增长。如果在后期涨跌的过程中，成交量增大，则说明入场的资金数量增多，必将促使价格更进一步上涨或下跌，从而带来更大的收益。如果后期的成交量与之前的成交量保持一致，成交量柱体或成交量的密集程度基本一致，那又该如何分析与解读呢？

量能减少则利润减少，量能增大则利润增长，若量能一致，那么当前这一波的涨跌空间就会与参照量区间的涨跌幅度一致。这里的一致是基本一致，千万不要固执地认为必然完全一致！前一轮价格上涨了50元，这一轮价格上涨了47元或52元，都可以称为一致。

在价格再次上涨或下跌的时候，一定要对参照量区间的涨跌幅度进行测量，再参照成交量放大、缩小或一致的具体形态，便可以及时地调整收益预期了。

在图3-17中，开盘成交量便出现了明显放大的迹象，这说明主力资金一开盘便开始了大规模的建仓操作。由于价格是下跌的，所以，主力的方向是做空。再将放量区间的价格波动范围做个简单的平均，便可以知道主力资金的建仓成本所在了。

经过短短几分钟的缩量反弹，价格再次放量下跌。下跌过程中，成交量柱体与开盘时的成交量柱体保持一致，说明两个时间段入场资金的数量是高度一致的。资金入场数量一致，就好比两辆车踩下的油门力度一致，

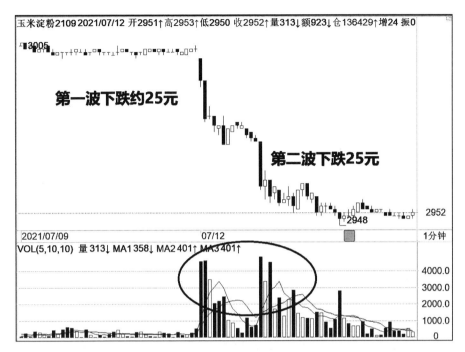

图 3-17　玉米淀粉 2109 合约 2021 年 7 月 12 日 1 分钟 K 线走势图

那它们的速度也必然会基本一致。

　　对开盘时的下跌幅度进行测量，可知价格下跌了 25 元，再对第二轮的下跌幅度进行测量，同样下跌了 25 元，前后两波下跌空间完全一致，这就是成交量基本一致形成的规律。一旦发现量能一致，收益的目标既不能放大，也不宜缩小。这样设定，一来不会因为目标设定得太大导致利润回吐；二来不会由于目标设定得过小而错过机会。

　　在图 3-18 中，价格先后两次出现了上涨的行情。在整个上涨过程中，阳线的成交量虽然有所放大，但并不充分。由前文的讲解可知，价格此时的上涨属于被动式上涨，多是由外部多头环境带动产生的。当然，不管什么原因导致的上涨，只要上升趋势确定就可以带来做多的盈利机会，成交量起到了重要的补充作用，可以帮助投资者提前判断可能的收益幅度。

　　有了第一轮上涨时的成交量作为参照，第二轮上涨时的成交量是大是小就很容易判断了。从图 3-18 的走势来看，第二轮上涨过程中，成交量并没有放大得很明显，第一轮、第二轮上涨的成交量基本一致，由此便可

图 3–18　菜粕 2201 合约 2021 年 9 月 1—2 日 3 分钟 K 线走势图

以作出判断：这两波上涨行情的上涨空间也将基本一致。

　　通过测量可知，第一波行情价格上涨了 30 元，而第二轮行情价格也上涨了 30 元。根据量能一致价格幅度一致的原则，投资者便可以轻松地确定出局点位。判断收益预期，往往要到第二波上涨的中途才可以进行，因为此时才会有足够的成交量数据进行对比，虽然此时价格可能已经上涨了十几个点，但这并不影响分析的结果与收益预期。就算已经涨了一半，但后期还有一半的上涨空间，因此，在上涨中途作出的持仓收益预测并不会影响对最终出局点位的设置。

图3-19 玻璃2201合约2021年9月3日1分钟K线走势图

在图3-19中，价格见底后缓慢上涨的初期，成交量始终保持萎缩的态势，没有放量，便无法通过对比预测后期价格的波动幅度，只有放量现象出现时，对比预测的方法才有效。千万不要在缩量区间进行判断，因为没有任何意义。

在缓慢上涨打好了上涨的基础之后，成交量终于出现了密集放量现象。巨大量能的出现意味着主力资金开始大规模入场，推动着价格快速上涨。成交量出现了放大，并且这是缩量之后的第一次放量，由此可以判断，主力资金刚刚开始建仓，虽然价格已经有了一定幅度的上涨，但这只是一轮上涨行情的起点。

有了第一轮放量作为参照量，价格后期有可能上涨到什么程度便有了判断的依据，只要将第二轮上涨时的量能与第一轮上涨时的量能做对比，便可以精准地作出判断。由于第二轮上涨时的量能与首轮放量完全一致，10周期均量线和20周期均量线的高度也基本一致，所以，第一轮行情涨多少，第二轮上涨行情也将涨多少。图3-19中，从低点到高点，第二轮上涨的幅度是不是与第一轮上涨的幅度高度一致呢？

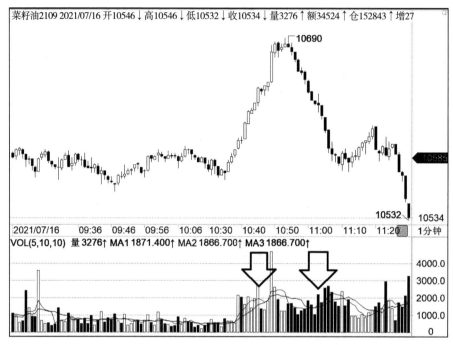

图 3-20　菜籽油 2109 合约 2021 年 7 月 16 日 1 分钟 K 线走势图

在图 3-20 中，价格上涨之后快速转为下跌，虽然价格波动的方向完全不同，但是，通过对比成交量的变化来预测价格波动空间的方法依然可以发挥应有的作用。

价格上涨时，成交量出现了明显的放大迹象，显然这是主力资金入场交易的信号，这一波放量便可以作为参照量。价格转为下跌之后，成交量同样保持着放大，并且与上涨时的成交量差别并不是很大，这说明之前有多少资金参与了做多，此时便有多少资金参与了做空。无论价格是涨还是跌，成交量一致放大，说明主力资金正在两头通吃，多单收益也要，空单利润也拿。

由于下跌时的成交量与上涨时的成交量高度一致，便可以作出这样的判断：价格下跌的幅度将与上涨的幅度保持高度一致。从图 3-20 的走势来看，经过一轮下跌行情，价格的确基本跌回了上涨的起点。由此可见，对比成交量，不仅可以判断价格同方向波动时涨跌的目标位，还可以判断价格反方向波动时涨跌的目标位。只要量能基本一致，不管价格后期是涨还是跌，都将与参照量区间的波动幅度基本一致。

3.6　量能对比定空间

前文都是将当前的成交量与邻近波段的成交量进行对比，从而判断当前的价格波动幅度。这种分析方法不仅可以用于同方向波动，还可以用于相邻的反方向波动。但仅对相邻的走势进行分析还不够，还应该对不同时期、不同方向的波动对应的成交量进行对比，从而帮助投资者更好地判断出当前价格的波动空间。

但是，对不同时间、不同方向的波段对应的成交量进行对比，不是什么样的波段都可以，只能是那些近期成交量巨大的上涨或下跌波段。若放量的规模比较小，则不宜进行对比。当前价格上涨或下跌时，若形成了巨大的量能，除了可以与邻近的波段进行对比，还可以将 K 线图压缩到极限，找出历史上成交量与当前量能——成交密集度或成交量高度一致的波动，当前价格的波动幅度就会与历史上那一次波动的幅度基本一致。

在进行对比时，前一波段的价格可以是上涨的，也可以是下跌的，不必在意波动方向，重点是成交量形态的相似性。量能的相似度才是分析的核心。

在图 3 - 21 中，价格于 2021 年 9 月 2 日出现了一大波放量上涨的走势，此时的量能成为近一段时间内最大的量能。在这种巨量出现的时候，一定要赶紧压缩 K 线图，看看历史上是否有类似的成交量，从而判断出当前行情的涨幅。

通过对比可以看到，2021 年 8 月 20 日价格开盘上涨时成交量的密集程度与 9 月 2 日这一天基本相当。此时对比的并非最大量能，若看最大量能，两者是无法匹配的，只是量能的密集程度以及均量线的最高高度是一致的。

既然这两波行情的量能是一致的，那么这两波行情的上涨幅度也会保

图 3-21 动力煤 2201 合约 2021 年 8 月 20 日至 9 月 2 日 3 分钟 K 线走势图

持一致。通过测量可以看到，8 月 20 日，价格上涨了约 50 元，而 9 月 2 日这一天，价格也上涨了约 50 元。一旦 9 月 2 日的价格上涨了 50 元左右，与历史上的涨幅接近时，就要做好出局的准备。一旦价格的波动发出了卖点信号，就要赶紧平仓。量能一致，意味着推动价格上涨的力度一致，价格上涨的幅度也将高度一致。

在图 3-22 中，2021 年 8 月 31 日，价格在下跌的过程中形成了密集放量堆，成为近一段时间最大的量能，具备了与历史最大量堆进行对比的资格。在进行对比的时候，优先看同方向量能的情况，若近一段时间同方向的波动上没有相似的量能，则可以再看一下反方向波动的量能情况。

通过对比发现，2021 年 8 月 27 日这一天，价格在上涨过程中的放量可以与之匹配，因此，这一涨一跌的行情也就可以进行对比了。8 月 27 日，价格涨了约 40 元；而在 8 月 31 日，价格跌了约 40 元，两者的幅度高度一致。之所以价格波动幅度如此一致，就是因为推动价格涨跌的动力一

白糖2201 2021/08/31 开5837↑ 高5847↑ 低5837↑ 收5845↑ 量3622↑ 额21163↑ 仓429510↑ 增44 振0.17% 涨(7)0.12%↑

图 3-22 白糖 2201 合约 2021 年 8 月 31 日 1 分钟 K 线走势图

致，大致等量的资金，推动起来的行情的幅度也往往是相似的。因此，一旦价格下跌了 40 元左右时，就要随时做好出局的准备。若跌幅没有到位，比如只跌了 30 元时，那便可以继续持仓，直到下跌到位。

在对不同时期的量能进行对比时，跨越的时间往往较长，前后走势并没有直接关联，因此，成交量肯定会有一定误差。只要前后两个时间量能的差异不是很大，就可以放在一起进行对比，判断价格波动幅度。跨越的时间越长，越要允许出现一定的误差。

在图 3-23 中，2021 年 9 月 1 日，价格出现了一轮连续放量下跌的走势。最后一波凌厉的下跌走势创下了近一段时间最大且最密集的量能。只要发现成交量形成了最大量能，投资者就一定要赶紧压缩 K 线图，寻找历史上相似的量能，对比一下当前的价格是否下跌到位了。

2021 年 8 月 27 日这一天，盘中出现了一波快速上涨的行情，在价格上涨的过程中成交量连续放大。这一天的量能跟 9 月 1 日量能的密集程度

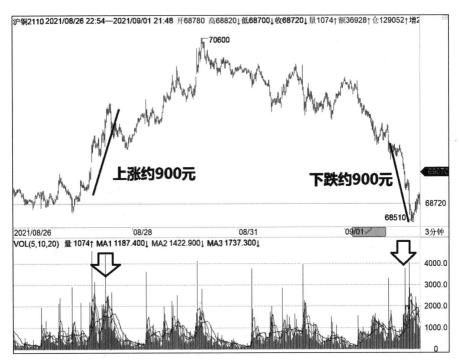

图 3-23　沪铜 2110 合约 2021 年 8 月 26 日至 9 月 1 日 3 分钟 K 线走势图

以及最大量能都非常接近，因此，当前下跌的幅度也会基本等同于之前上涨的幅度。通过测量可以看到，8 月 27 日这一天，价格上涨了约 900 元；而 9 月 1 日这一天，价格下跌了约 900 元。

　　只要在巨量出现时及时地作出对比，当前价格有多大的波动空间，心里就有底了。一旦下跌幅度达到与之前上涨行情一样的 900 元左右时，就要随时做好止盈出局的准备。这样一来，既不会预期过大从而在价格没跌到位的情况下回吐利润，也不会把预期定得较小而过早地平仓错过行情。

　　在图 3-24 中，在 2021 年 9 月 1 日，价格出现了一个小波段的上涨走势。与历史上较大的行情相比，它小了许多，但放到局部来看，也可以给投资者带来不错的收益。随着价格的上涨，成交量也出现了明显的密集放量迹象。但这一波的放量并没有形成近一段时间的最大量能，那么可以与历史量能数据进行对比吗？答案是肯定的！

　　对比历史来看，9 月 1 日这一天的放量与 2021 年 8 月 16 日的放量基本

图 3-24　焦炭 2201 合约 2021 年 8 月 13 日至 9 月 1 日 3 分钟 K 线走势图

一致。在 8 月 16 日的下跌行情中，价格下跌了约 120 元，从而可以得出结论：9 月 1 日上涨行情的理论涨幅也应当在 120 元左右，一旦价格上涨到位，便需要做好随时出局的准备。从 9 月 1 日这一天的实际走势来看，价格也恰恰在上涨了约 120 元以后到达了高点。

量能越大，对比历史量能数据得出的分析结论的准确性就越高。量能在有所放大但不是很大的情况下也可以对比，只是误差也会相对较大。因为普通放量的行情，有的可能表现不错，有的却表现平平，会使得分析结论并不精确。

3.7　反向量能测幅度

成交量的大小代表了资金操作积极性的高低，相同数量的资金入场将会对价格波动的幅度有着相似的推动作用，所以，当前这一波上涨或下跌时的量能便可以与前一波上涨或下跌时的量能进行比较，从而判断当前行情下资金交易的积极性是否下降了。如果资金交易的积极性较高，当前的量能较大，那么，价格上涨的幅度就会超过前一波。若当前行情中的量能小于前一波，则波动的幅度也将会小于前一波。这种对比方式在相邻的、同方向波动的两个波段中最为有效，跨越一周的时间周期进行对比也会有效，但分析的精准度会下降。

成交量除了可以跟同方向波段进行对比外，还可以与反方向波段进行对比。在价格由上升趋势转为下降趋势，或是由下降趋势转为上升趋势时，可以通过成交量的变化情况预测此轮行情的波动幅度，从而为合理制定收益目标提供重要的技术支持。

反向量能预测价格未来波动幅度的方法与同方向是一致的，量能的对比分为三种情况：当前量能大于之前的量能，则趋势反转后的波动幅度将会加大；当前量能与之前的量能一致，则趋势反转后的波动幅度大致相等；当前量能小于之前的量能，则趋势反转后的波动幅度将会减小。

对相邻的反向波动的量能进行对比，效率最高，相隔一段时间的行情也可以进行对比，但会产生误差。

在图 3 - 25 中，开盘之后价格出现了快速的放量上涨行情，每一根阳线都伴随着巨大的成交量，说明资金入场做多的积极性非常高，大量资金集中入场，使得价格在较短时间内出现了较大幅度的上涨。

价格上涨之后正常调整，但在第二轮调整的过程中，价格形成了高点下降、低点也同步下降的不好走势。此时就要预测价格后期可能的下跌空间，可以直接从成交量的变化上入手进行分析。通过对比可以看到，下跌时虽然有放量，但柱体高度与之前上涨时的放量相比明显变短，同时量能的密集程度也差了许多，说明资金做空的数量并不多。在这种量能较小的情况下，价格不太可能出现较大幅度的下跌。

上涨时量能大，说明资金做多的兴趣大；下跌时成交量小，说明资金做空的积极性低。成交量大，自然上涨幅度大；成交量小，价格后期的下跌幅度也必然会降低。有了下跌幅度不会太深的分析结论，也就回答了如何确定价格低点的重要问题。

图 3-25 焦煤 2201 合约 2021 年 9 月 6 日 1 分钟 K 线走势图

在图 3-26 中，价格在下跌过程中始终伴随着放量，说明资金参与的积极性非常高，只要量能能够连续放大，价格就有足够的动力不断向下。

经过一轮大跌之后，随着缩量的出现，强劲的下跌走势结束，转为低位震荡的走势，随后还产生了一轮上涨的走势。在价格上涨的时候，成交量出现了明显集中放大的现象，这是多头资金参与操作的体现。那么，此时的行情会有多大的上行空间呢？这就需要从成交量入手进行分析了。

将此时上涨的量能与下跌时的量能进行对比便可以看到，上涨时虽然有量，但成交量的密集程度以及成交量柱体的高度都无法与下跌时的量能相比，这就意味着价格很难出现大幅上涨，上涨行情的空间也将远小于下跌行情。在量能不济的情况下，可以将此时的上涨定义为反弹，而不是可以持续向上的多头行情。

在图 3-27 中，在价格下跌的时候，成交量有所放大，但是密集程度远远不够，这也使得价格在下跌过程中很少出现实体较大的阴线。这种下跌行情更多的是由市场下跌氛围带动而形成的被动式下跌。

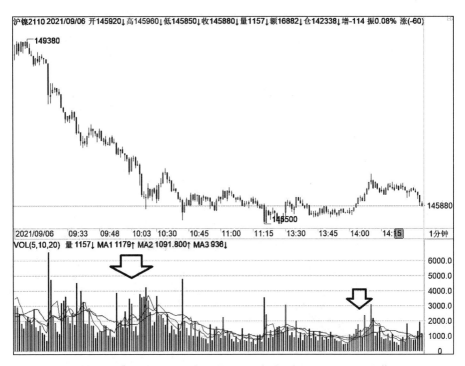

图3-26　沪镍2110合约2021年9月6日1分钟K线走势图

　　下跌到底之后，价格出现了上涨的走势。在上涨过程中，成交量密集放大。上涨行情的成交量相比下跌时明显变大，说明资金更愿意进行做多操作。更多资金入场参与做多，上涨行情的涨幅自然也将远大于下跌行情的跌幅，这也是价格向上创出新高的主要原因。

　　在期货短周期K线的波动中，成交量就是价格涨跌的动力。下跌时量能小，上涨时量能大，直接说明了资金的交易态度。哪个方向波动时的量能更大，价格波动的空间就更大。将下跌时的成交量与上涨时的成交量进行对比，就可以在行情发展的过程中提前预知上涨的性质（不是反弹而是持续的多头行情），以及可能的幅度（量能大于下跌时的量能，涨幅肯定会更大）。

　　在图3-28中，价格下跌的时候，成交量的配合非常好，每一根阴线都带量而来。大量资金积极参与操作，为价格的下跌提供了足够的动力。放量下跌现象的延续对于投资者来说就是最佳的持仓与入场的机会。

图 3-27　白糖 2201 合约 2021 年 8 月 24 日 1 分钟 K 线走势图

形成了高低个儿量能之后下跌结束，价格趋势反转向上。在上涨过程中，阳线同样带量而来，说明又有大量资金积极参与到做多当中。并且在上涨过程中，成交量的柱体比之前阴线量能的柱体高，量能的密集性也更好，说明资金做多的力量胜于做空的力量。这就意味着投资者在上涨中途可以作出判断：上涨的幅度将会超过下跌的幅度，只要价格没有创出新高，就要坚定地持仓。

价格上涨结束之后再度下跌，并且下跌的时候依然伴随着放量现象，这就意味着价格是回落而不是调整，因为调整往往是缩量，没有空方资金参与。放量回落的性质就是价格要转为下跌。虽然此时的下跌有所放量，但成交量相比上涨时少了很多，因此，在价格下跌的过程中可以判断此轮下跌将很难跌破上涨行情的起点，因为价格的动力不足。

对同一波动方向的成交量进行对比，可以看出当前上涨或下跌行情的延续性；对不同波动方向的成交量进行对比，则可以看出价格上涨之后下

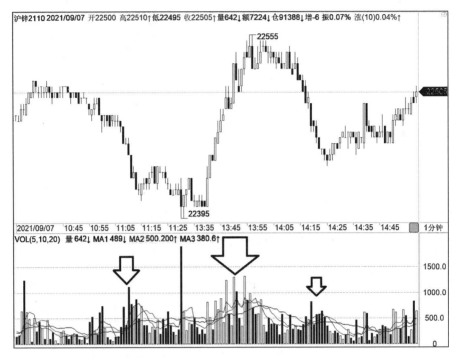

图 3-28　沪锌 2110 合约 2021 年 9 月 7 日 1 分钟 K 线走势图

跌的空间或是下跌之后上涨的空间有多大，从而为捕捉低点或高点提供技术上的依据。

　　若各位读者朋友对本章内容有技术上的疑问，可联系笔者团队进行交流（微信：18588880518，QQ：987858807），以使您的学习不留疑点、难点。让我们一起进步！

4 量能风险性技术形态

价格在波动过程中会出现许多风险性技术形态，知晓了这些风险性技术形态后，投资者便可以尽最大可能回避风险，这是实战操作中必须掌握的一个环节。成交量随着价格的波动，也会出现种种风险性技术形态。这些风险信号出现时，投资者一定要重视，这意味着资金的交易出现异常，价格的走势也往往会变得不平稳。

价格走势上的风险信号可以单独进行分析，不需要结合成交量。但成交量的风险信号有时可以单独分析并作出决策，有时则必须与 K 线形态结合在一起，分析的准确性才会更高。

4.1   连续缩量

　　成交量的放大是资金入场的信号，放量越连续、密集，越容易促使更大的行情出现。而成交量萎缩则往往意味着资金要么暂停了操作，价格处于正常的调整或反弹区间；要么资金已经完成了出货的操作，价格处于反转或无规律窄幅波动的状态。无论是什么性质的波动，只要成交量出现萎缩，价格当前的波动就很难提供好的盈利机会，因为在缩量区间，价格得不到资金的推动，波动的幅度将会变小，这意味着在止损幅度不变的情况下，盈利会大大降低，从而使得盈亏比非常小。

　　在价格调整的区间，缩量是好事，虽然调整区间没有好的交易机会，但无论什么性质的缩量，之后必然会放量，从而带来新的盈利机会。所谓的机会小或是有一定风险，也仅仅针对的是缩量延续的区间。在这个区间内虽不宜过早入场操作，但要随时留意，做好资金再度入场的准备，以便抓住放量带来的机会。

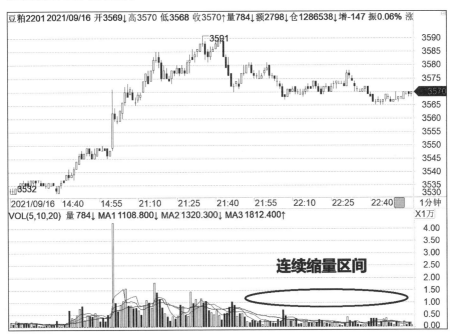

图 4-1   豆粕 2201 合约 2021 年 9 月 16 日 1 分钟 K 线走势图

在图 4-1 中，价格开盘之后出现了连续上涨的走势，在上涨过程中，成交量始终保持放大的状态。只要有资金积极参与操作，那么上涨行情便不会终止，因此放量上涨区间对投资者来说是大好的获利机会。

几波上涨后，价格到达了高点，随后的放量调整宣告了量能性质的破坏，使得上升趋势戛然而止。在随后的波动过程中，成交量始终保持低迷的状态，说明没有资金在该区间主动进行操作，得不到资金的推动，价格的上涨就没有动力。同样，由于没有什么资金入场做空，价格也没有下跌的动力，从而在该区间始终保持着不上不下的走势。在这个区间无论是做多还是做空，都很难实现稳定的收益。

通过对整体成交量进行分析可以看到，主力资金在低位进行了做多建仓的操作，几波上涨之后获得了足够多的利润，在高位进行了变现。主力出货完毕后，又没有新主力入场，使得价格涨跌都没有什么动力。什么时候主力资金再度入场带动成交量放大，什么时候新一轮的行情才有可能出现。在连续缩量区间一定要意识到，虽有价格波动，但盈利空间非常小。

图 4-2　纸浆 2110 合约 2021 年 9 月 16 日 1 分钟 K 线走势图

在图 4-2 中，价格出现了一轮单边下跌的行情。在下跌过程中虽然出现了多次反弹走势，但每一次反弹上涨的幅度都非常小，说明多方力量非常弱，主要原因就是空方的力量太强大了。这一点从价格下跌过程中连续且密集的阴线量能上便可以看出。持续不断的阴线放量说明资金做空的积极性非常高，哪里轮得到多头反抗？因此，只要放量不止，下跌便很难停下。

在一轮持续大跌之后，成交量在低位变得低迷起来。结合下跌末期的放量来看，主力资金已经在低点区间顺利完成了出货的操作。利润得到了变现，又没有新的入场机会，价格的波动也就失去了资金的推动，持续的缩量意味着此区间只有普通投资者在进进出出地交易。由于普通投资者的资金无法影响价格，因此，价格波动的幅度才会越来越小。

放量区间价格的波动幅度很大，因此很容易带来较大的收益。即使反弹幅度很小无法提供逢高做空的机会，也会有很多向下突破做空的机会，所以，放量区间绝对不缺入场的机会，更不缺赚大钱的机会。而在缩量区间进行操作，无论是做多还是继续顺势做空，都很难有赚大钱的机会。窄幅波动意味着亏损与收益基本上是 1∶1 的，一旦对介入点把握得不够精细，赚得可能还没有亏得多，所以，缩量区间对于高位做空的投资者来说还可以继续持有；但对于场外的投资者来说，缩量区间可操作的机会少，可获得的利润少，并不是好的入场位置。

在图 4-3 中，价格上涨结束之后，成交量出现了长时间的萎缩。缩量持续时间过长，往往意味着主力资金在之前的高点中已经完成了出货的操作，否则能够控制价格涨跌的主力资金为什么入场之后却一直没有操作呢，这岂不是在额外给自己增加风险？

短时间的缩量往往是主力资金的洗盘行为，目的是把低成本的投资者清理出去，提高市场的平均持仓成本，一般一二十分钟之后价格便会重新起飞。但长时间的缩量往往意味着场中资金早就撤了出去，留下的只是普通投资者。在缩量区间，价格的波动幅度越来越窄，越没有波动，便越没有资金愿意入场；越没有资金入场，成交量便会越来越小，价格的波动便会越来越小，形成恶性循环。想要打破这种恶性循环，只能等资金再度

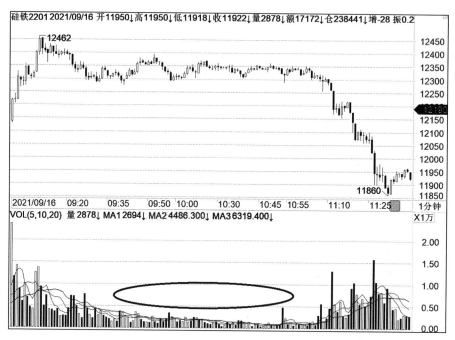

图 4-3　硅铁 2201 合约 2021 年 9 月 16 日 1 分钟 K 线走势图

入场。

　　经过较长时间的缩量之后，也许是时机到来了，资金再度入场，最直接的体现就是成交量再度放大。只不过这一次资金的操作方向是做空。不管是做多还是做空，只要价格的波动得到了资金的推动，大幅度的波动就将再度出现。一旦发现缩量就要意识到，机会可能不太多了；一旦发现放量，就一定要盯紧盘面，随时捕捉大幅度波动带来的介入机会。

　　在图 4-4 中，价格在开盘后略做震荡便出现了震荡上涨的走势。这一阶段的上涨，很少出现大实体的阳线，整体上涨走势也是一波三折，力量较弱。强势特征之所以无法出现，最主要的原因就是上涨过程中成交量始终保持低迷的状态。没有资金推动，强势特征就无法出现。成交量没有放大但价格却不断往上，大多是受当时市场整体多头氛围的影响，这是价格被动式上涨最明显的技术特征。如果价格涨跌的性质是被动式的，投资者就不要幻想有获得大收益的机会了。

　　14:00 之后，价格再度上涨，其技术特征与早盘期间的上涨一样，K

图4-4 鸡蛋2201合约2021年9月16日1分钟K线走势图

线波动曲曲折折，没有任何大实体阳线出现。之所以涨的力度小，是因为成交量始终保持萎缩的态势。无量而价格不断上行，显然又是一轮被动式上涨行情，在这种行情中的确可以赚钱，但也只有赚小钱的机会，大行情是不可能在无量之中形成的。

而在下午刚开盘的阶段，有一波放量下跌的走势。在成交量放大的情况下，价格下跌的力度还是比较大的，在很短的时间内就让价格从高点跌回了上涨行情的起点。可见，只要有放量现象，价格的波动就会加快，促使波动幅度明显加大。而只要成交量低迷，即使趋势的方向明显，带来的操作机会也是很小的。

放量带来的是即时的盈利机会，无量带来的是未来的盈利机会。无量应该引起投资者的重视，随时留意后期放量涨跌行情的出现。在无量延续的过程中，价格无论是上涨还是下跌，都很难有大的机会，大的机会只有在缩量之后的放量中才会出现。因此，在实战操作时，可以将缩量区间视为机会即将到来的区间，并不是不可以操作，只是一定要降低收益的预期。

4.2 衰竭性量能

缩量现象可以出现在价格波动的任何区间，而衰竭性量能形态则往往出现在价格连续几波上涨之后的高点区间，或是连续几波下跌之后的低点区间。衰竭性量能出现的位置比较固定，因此风险比较容易识别。

当衰竭性量能出现时，价格的趋势依然完好，上升趋势或是下降趋势并没有遭到破坏，所以，它的出现是风险信号，但风险并不会立即出现。

衰竭性量能的技术特点是：价格经过几波上涨之后，继续向上创出新高，但在创新高的上涨波段中，成交量无论是密集程度还是整体量能，都较之前的上涨出现了明显的下降，越涨，量能越小。下跌时也是如此。价格经过几波下跌之后，越向下跌，成交量反而越小。衰竭性量能的出现意味着资金在价格高位或低位区间操作的积极性大幅下降，价格的波动失去了资金的积极推动，且不说后期趋势会不会延续，大幅波动也是很难的，这个时候，持仓也就不适合了。

在图 4－5 中，开盘后价格便出现了第一波上涨的走势。这一波上涨的力度还是挺大的，成交量的集中放大推动着价格快速上涨。完美的缩量之后，价格继续放量上涨，说明资金做多的积极性非常高。只要有量能放大的现象，价格就很容易出现大幅上涨的走势，在放量上涨以及缩量调整的过程中，投资者要做的就是继续持仓等待新高点的到来。

第二次缩量调整结束之后，价格继续上涨并且再度创出新高，但第三波上涨的力度却明显变小了，最直接的表现就是上涨时 K 线的运行角度相比之前两波明显缩小，最直接的原因就是成交量在第三波上涨时出现了明显的萎缩迹象。连续两波上涨将价格推向了高位，虽然此时上升趋势依然明显并且价格创出新高，但此时资金做多的热情明显下降。若未来还会出现较大的上涨行情，资金又岂会在此时停下积极做多的步伐？

于高位区间价格再度上涨时成交量出现萎缩，这便是衰竭性量能最明显的技术特征，它只会出现在连续上涨的高位或连续下跌的低位。衰竭性

图 4-5 沥青 2112 合约 2021 年 9 月 14 日 1 分钟 K 线走势图

量能出现后，价格便再也没有创出新高，衰竭性量能提前向投资者发出了资金做多热情消退、价格很有可能会停止上涨的信号。

在图 4-6 中，价格开盘之后便出现了一轮连续上涨的走势。在初期上涨的时候，成交量放大得非常充分，密集程度也非常高，说明在价格没有大幅上涨之前，资金在开盘初期进行了非常积极的建仓操作。主力资金入场时，介入的资金数量越多，未来行情上涨的空间也就越大，此时的量能奠定了当天产生较大行情的基础。

在随后的上涨行情中，成交量虽然有所放大，但相比开盘时期的量能明显小了很多。价格上涨幅度变小，上涨时 K 线的上行角度也开始变小，这就是量能减少的必然结果。虽然上涨力度有所减弱，但上升趋势还没有被破坏，所以仍可以持仓，但需要做好随时出局的准备。

在最后一波上涨行情出现的时候，阳线的成交量再次出现了明显的萎缩。此时的阳线量能是价格上涨以来最小的一次，说明价格越是上涨，资金做多的积极性便越低。一旦得不到资金的支持，就算价格不一定会下

图4-6　沪铜2110合约2021年9月10日1分钟K线走势图

跌，但大概率会停止上涨。因此，在价格越涨越高、量能却越来越小呈现衰竭之态时，便可以逢高进行减仓的操作了。之所以不必空仓，是因为上升趋势并没有改变；之所以要减仓，是因为价格连续上涨之后的衰竭性量能不是好现象，是价格停止上涨或要转为下跌的信号，因此，一定要减仓来保全收益。

　　如图4-7所示，在价格下跌的过程中，成交量出现了密集放大的现象，说明资金在这个时间段内进行了积极的操作，由于价格波动方向向下，说明资金在场中进行的是做空性质的操作。知道了资金的操作方向，又知道了有较多的资金入场，在放量区间只要顺势进行做空操作，便可以很轻松地实现较大的盈利。

　　单边下跌结束之后，随着成交量整体出现萎缩，价格进入了小幅震荡的阶段。虽然价格后期保持波动重心向下的趋势，但长时间无法出现新低，最主要的原因就是成交量低迷，资金不愿再积极入场。由此可见，有集中放量，价格就很容易出现大行情，而一旦成交量萎缩，便很难再出现

120

螺纹钢2201 2021/08/27 开5114↓高5124↑低5111↑收5123↑量12497↑额63965↑仓1143680↓增-738 振0.25

图4-7　螺纹钢2201合约2021年8月27日1分钟K线走势图

较大的波动行情。

虽然价格后期勉强出现了创新低的走势，但阴线的成交量明显减少。这种情况一旦在大幅下跌之后出现，便意味着衰竭性量能就此形成。在这种风险性量价配合的情况下，投资者不可再预期后期价格会进一步大幅下跌，要做的就是趁低点减仓，一旦后期下跌行情被反弹上涨破坏就要坚决清仓。量能衰竭，价格下跌的动力也必将同步衰竭。

在图4-8中，在价格主要的下跌波段，阴线的成交量保持了连续放大的状态。放量下跌向投资者揭示了资金的操作方向、入场资金的规模，还可以通过初期的放量推断出主力资金的建仓成本。只要投资者在主力建仓成本附近入场，日内实现较大幅度的盈利将会是非常容易的。

一大波下跌结束之后，价格出现了连续反弹的走势。在反弹过程中，阳线的成交量始终保持萎缩的态势，无量反弹说明没有资金积极参与做多，在这种情况下，上涨行情是很难延续的，由此便可以推断出，后期还会有新一轮的下跌行情出现。

图4-8　白银2112合约2021年9月16日1分钟K线走势图

反弹结束之后，价格果然再度下跌，还创出了新低。但此时下跌的性质却不太好，因为在下跌过程中，阴线的成交量相比之前出现了明显的萎缩，并且还有越下跌量能越小的迹象。此时的量价配合形态说明，随着价格的下跌，投资者们认为后期进一步做空的空间已经消失，从而失去了做空的积极性。资金不再扎堆入场，价格又何来更大幅度下跌的动力？

一旦成交量在价格较大幅度的上涨或下跌之后出现萎缩，就说明资金操作的积极性降低。这是未来波动空间所剩无几的表现，否则资金又岂能停下操作的步伐？有利不赚，这肯定不正常，合理的解释便是后期随时会出现风险。因此，大幅涨跌之后，一旦出现衰竭性量能，投资者便可以趁着当前的高点逐步减仓了。主力资金都不愿玩儿了，我们也要跟着逐步退出。

4.3　无量涨跌

衰竭性量能是无量涨跌的一种形式。衰竭性量能往往发生在价格上涨的高位区间或价格下跌的低位区间，既可以用于顺势平仓，也可以用来决策逆势抄底摸顶的操作。而无量涨跌量能形态则可能发生在价格上涨或下跌的任何位置。这是两者之间最重要的区别。

在价格上涨或下跌的过程中，如果成交量始终处于无量的状态，便说明资金入场操作的积极性很低。没有资金积极入场的推动，价格上涨或下跌的延续性就会大打折扣。即便价格形成了一轮行情，也多是受当时整体市场明显偏多或明显偏空氛围的影响。就好像顺水行舟，即使不划桨，船也可以前行。虽然价格此时也有一定幅度的上涨或下跌，但这类无量的行情往往是被动式的，其涨幅或跌幅不可能处于当时市场中涨跌幅的前列。投资者操作这类品种虽然也可以实现一定的盈利，但是相比操作那些主动式涨跌的品种，此时的盈利只能算是蝇头小利。

当无量涨跌形成的时候，投资者应当主动降低收益预期，不能抱有赚大钱的不切实际的想法。不过，预期归预期，实际收益有时也会远大于预期，可能价格走着走着就形成了放量，就可以提高预期。因此，在无量涨跌的情况下，只要价格趋势未变就可以继续持仓，一旦出现风吹草动，就可以第一时间平仓出局。

在图4-9中，价格见底之后形成了一轮连续上涨的行情。在价格的中低位区间，阳线的出现伴随明显的放量，说明低点区间资金做多的积极性还是非常高的。只要有量，价格的波动幅度就会较大，放量与否直接关乎投资者盈利幅度的大小。

经过一波连续的上涨之后，价格到了中高位，成交量连续萎缩。在量能不断萎缩的过程中，价格上涨的速度也明显变慢，就好像一辆正在行驶中的汽车突然松了油门一样。没有量，意味着没有大量资金愿意入场，会使价格的上涨失去动力。在无量上涨的情况下，投资者就要意识到价格后

图 4 - 9　PTA 2201 合约 2021 年 9 月 17 日 1 分钟 K 线走势图

期上涨的空间将会受限，此时一旦上升趋势有遭到破坏的迹象，一定要第一时间出局回避风险。

　　由于缩量出现在价格的相对高位，所以也可以将此时无量涨跌的形态定性为衰竭性量能。不管是上涨还是下跌，这种量能都不是什么好现象。调整必须缩量，上涨必须放量，该放量的时候却形成了缩量，价格当前的趋势方向也就很容易遭到破坏。

　　在图 4 - 10 左侧，价格形成了一轮震荡上涨的走势，虽然低点和高点都被抬高，但整体上涨的幅度却非常小。为什么多头性质明显但价格涨得不多呢？主要原因就是该区间的成交量始终保持萎缩的态势，说明根本没有资金在场中积极操作。价格得不到量能的推动自然无法爆发出强劲的涨势。价格此时的位置并不是上涨后的高位，因此，图 4 - 10 左侧圆圈处的量能并非衰竭性量能，而是标准的无量上涨量能形态。

　　经过一大波下跌之后，新一轮上升趋势再度形成。第一轮上涨时成交量明显放大，而第二轮上涨的时候，成交量则出现了萎缩。虽然价格有了

图4-10　苯乙烯2110合约2021年9月15日1分钟K线走势图

一定幅度的上涨，但仅涨了两波，因此此时的缩量并非衰竭性量能。当然，就算投资者以为这是衰竭性量能也没有关系。无量上涨时价格不容易涨得持久，很容易改变上升趋势；衰竭性量能也是风险信号，意味着价格波动随时可能出现变化。虽然量能性质略有差别，但结果是一样的。

在图4-11的左侧，价格下跌的时候，成交量都出现了明显的放大，说明此时有资金积极地推动价格不断向下，价格在放量区间内必然会有大幅度的波动，此时在这个区间无论是积极入场开仓做空，还是持有空单，都可以轻轻松松获得较大的收益。跟着能使成交量明显放大的主力资金走，必然会有较大的获利空间。

随着成交量急剧放大，价格底部形成。一大波反弹的过程中，价格再一次出现了连续震荡下跌的走势。虽然下跌过程中价格高点不断降低，但是下跌的速度始终比较慢，很久才创出新低，跌一点就会马上反弹，一点儿之前下跌时的干脆劲儿也没有。是什么原因导致价格下行如此缓慢呢？

如果对比缓慢下跌时与之前快速下跌时的成交量便可以清楚看到，在

图 4 – 11　玻璃 2201 合约 2021 年 8 月 26 日 1 分钟 K 线走势图

快速下跌区间，成交量明显放大；而在缓慢下跌区间，虽然也略有放量，但规模跟之前的量能相差很多。成交量小，说明愿意入场做空的资金数量少，在只有很少资金推动的情况下，整体的下跌幅度必然比较小，并且每一轮下跌的周期也会比较短。面对这种量价形态，投资者对每一轮下跌幅度的预期一定要降低，无量情况下，价格很难大幅下跌。

在图 4 – 12 中，价格形成了一快一慢两轮下跌的走势。在第一轮下跌阶段，价格下跌得比较慢，没有收出过较大实体的阴线，晃荡好久也仅能赚个一二十跳的小钱。价格走势之所以如此曲折就是因为成交量在价格初期下跌阶段始终保持萎缩的状态。没有资金的强力推动，价格又怎么可能产生较大力度的下跌呢？

经过一段时间的无量下跌，价格下降趋势越来越明确，引起了场外资金的兴趣，于是，在后期下跌的过程中，成交量出现了明显放大的迹象。这些多出来的量能便是新入场的资金数量。随着入场资金数量的增多，阴线的实体也终于开始放大，大实体的阴线再次吸引场外资金入场，资金的

图 4−12　纸浆 2110 合约 2021 年 9 月 13 日 1 分钟 K 线走势图

介入又推动着价格继续大幅回落，从而形成了良性循环的态势。于是，在资金大力做空的影响下，一根惊天大阴线从天而降，一根 K 线就给投资者带来了超过 15% 的收益。试想，如果此时成交量依然是萎缩的，可能出现这么大幅度的下跌吗？可见，无量下跌走不远，放量下跌才能走出纵深行情。

在具体操作时，无量下跌虽然不能让投资者赚到大钱，但此时趋势方向非常明确，波动重心也会明显下移，可以稳妥实现小幅度的盈利。所以，在关注的其他品种没有什么好机会的时候，也可以对形成无量下跌态势的品种进行操作，只是需要将收益预期设定得低一些。之所以可以操作，就是因为价格此时方向明确，往往会有介入点；之所以不建议作为第一操作目标，就是因为无法实现大幅盈利。请一定要正确理解其中的关系。

4.4　高位巨量大阴线

　　高位巨量大阴线是一种常见的风险性量价形态，多出现在价格较长时间、较大幅度上涨之后的高位。这个位置，多方已经有了足够丰厚的收益，就算出现一根大实体阴线使得利润回吐，也不会造成太大的影响。但是，对于中高位介入的投资者来说，这一根大阴线很可能会触及止损位或是导致利润大比例回吐。随着这根高位巨量大阴线的出现，上升趋势还有很大的可能被截断并转变为下降趋势。巨量大阴线的出现往往是风险开始的信号，不得不防！

　　在价格上涨过程中，投资者需要关注阳线实体的大小，并始终将那些有一定高度的阳线作为参照物。后期只要收出与这些阳线实体大小相当的阴线，便可以确定为高位大阴线。当阴线实体的大小符合条件之后，还要再看一下阴线的成交量是不是也出现了巨幅放大的迹象，形成了当前最大或是次大的量能。如果是，那就表示在大跌过程中有主力资金趁机出货了。一旦资金失去继续做多的热情，价格的上涨行情也就大概率会终止。

　　高位巨量的阴线实体越大，趋势反转的可能性也就越大。有的时候随着大阴线的出现，价格走势会直接反转；有的时候则是经过一番震荡才会形成反转，但不管怎样，反转是大概率会出现的结果。因此，为了防止风险超出预期，当高位巨量大阴线出现时，就要尽早地平仓多单。

　　在图 4-13 中，价格在上涨途中虽然收出了各种各样的阴线，但这些阴线都有一个共同点：实体都不大。上涨中途必然会出现阴线，投资者没必要感到恐慌，如果这些阴线的实体都很小，就说明空方力量非常弱，空弱则多强，因此，这些小阴线不仅不是风险来临的信号，反而还一再地向投资者发出价格还会继续上涨的信号。这岂不是好事？

　　经过一段时间的上涨之后，价格到达了高位，而后收出了一根实体巨大的阴线。这一根阴线是图 4-13 所有 K 线中实体最大的一根，上涨过程中的任何阳线实体都无法与之抗衡。它的出现表明，在当前价格区间，空

128

图4-13　苯乙烯2110合约2021年9月16日3分钟K线走势图

方有足够的能力破坏掉上升趋势，这是空方说了算的区间。这根高位巨量大阴线出现之后，上升趋势彻底结束，转为持续下跌的走势。可见，高位巨量大阴线对上升趋势的破坏力有多么大！

　　在这根大阴线出现时，成交量虽然没有成为最大的量能柱体，但也是次大的量能柱体，这说明在高位区间有大量资金在下跌过程中进行了出货的操作。位置高、阴线实体大、成交量也明显变大，这三点集合在一起便构成了风险来临的信号。小阴线出现时可以不予理会继续持有多单，但当这种性质的大阴线出现时，一定要及时地将手中的多单平仓出局。

　　在图4-14中，价格在低位筑底的过程中，出现了三次调整的走势。这三次调整区间虽然连续收出阴线，但阴线的实体都比较小。K线实体的大小直接反映出多空力量的大小。阴线实体小，就意味着在此区间空方力量不强；空方不强，则多方就很容易促使上涨行情爆发。

　　最后一次调整结束之后，随着放量的出现，价格走出了一轮凌厉的上涨行情。在上涨的时候，价格每次收出的阳线都得到了成交量放大的配

图4－14　PP 2201 合约 2021 年 9 月 17 日 15 分钟 K 线走势图

合。量能放大，说明资金做多的积极性很高；在高涨的做多热情中，阳线的实体也都普遍偏大。阴线实体小说明空方力量弱，阳线实体大自然就意味着多方力量强。

随着价格越涨越高，当价格到达高位之后，投资者一定要意识到下跌必然会到来，而下跌到来的信号之一就是收出高位大阴线。只要没有收出大实体的阴线，便可以放心大胆地继续持有多单。一旦像图4－14中的走势一样，收出超过上涨过程中所有阳线实体的大阴线，并且成交量也明显放大形成近期最大或次大量能时，就意味着风险近在眼前了。大阴线说明空方力量非常强大，强大到足以改变上升趋势，明显放大的成交量也意味着主力资金在高位变现了利润。主力都溜了，多头行情又怎会延续呢？所以，随着高位巨量大阴线的出现，价格连续回落也就在情理之中了。

图4-15 塑料2201合约2021年9月1—17日30分钟K线走势图

在图4-15中，在价格上涨中途长时间震荡时收出了一连串阴线。这些上涨中途的调整有时成交量是萎缩的，有时成交量是放大的，但不管量能状况如何，阴线实体都非常小。面对小实体阴线，只要成交量不是连续密集放大的，投资者就没必要担心，因为主力资金如果大规模撤出场中，价格不可能保持这么小的波动幅度。主力资金出货量越大，价格的震荡幅度也就越大，从而必然会使阴线的实体明显变大。所以，小实体阴线偶尔的放量并不是风险来临的信号。

经过一波单边上涨，价格到达高位之后，大实体阴线第一次出现。这一根阴线的实体创下了上涨以来最大的跌幅，说明在高位区间，空方有了与多方抗衡的能力。在大实体阴线出现时，成交量也明显放大，虽然没有达到最大量，却也是次大量。如果不是主力资金于高位大规模撤退，普通投资者的交易是不可能导致如此巨大的成交量出现的。高位、大跌、巨量，这三者结合在一起就是风险到来的信号。

第一根大实体阴线出现之后，价格略作横盘便再度大跌。再一次收出阴线时，实体变得更大了，空方此时已经到了肆无忌惮的地步。同时，第二根大阴线的成交量与第一根大阴线相比再度放大，可见资金出货的态度非常坚决。高位大阴线出现的区域不会构成重要的底部，后期极大概率还会出现更低的点位，因此，一旦发现有形成大阴线的迹象，投资者越早出局，越利于回避风险、锁定收益。

图4-16　菜籽油2201合约2021年9月16日1分钟K线走势图

在图4-16中，价格上涨过程中，K线实体的技术特征为：阳线的实体大，阴线的实体小；阳线的数量多，阴线的数量少。正因为如此，价格才得以出现持续上涨的走势。只要K线实体的这种技术特征没有改变，上升趋势便不会终止。

经过一段时间的上涨且价格运行到相对高位后，突然收出了一根上涨以来实体最大的阴线，它的实体大小可以与上涨过程中任意一根阳线抗衡，这说明空方的力量随着价格不断上涨变得越来越大，已经有能力阻击多方了。在大阴线出现时，成交量也明显放大。此时的放量可能是多方资金在建仓吗？不可能。明明有低点介入的机会，主力资金怎会在涨了这么多以后才入场做多？既然不是资金的做多，那么，此时的放量要么是多方资金的离场，要么是空方资金的杀入，不管是哪种情况，都必然会对价格的上涨产生巨大的影响。

随着这根高位巨量大阴线的出现，一轮上涨行情就此结束并转为持续性下跌。一根K线定反转。以后再碰到高位巨量大阴线，投资者一定要重视，并且在它出现的时候尽量平仓手中的多单。高位巨量大阴线有可能直接导致行情的反转，也有可能让价格在略做震荡之后再转为下跌。下跌是结果，是否震荡只是过程，这也是高位巨量大阴线出现之后一定要尽早离场的主要原因。

4.5　高位巨量长影线

除了高位巨量大阴线，还有一种常见的风险性量价配合形态——高位巨量长影线。不管K线形态如何，这两种风险性形态都有一个共性：在高位形成最大或次大的量能。量能是关键，它反映了资金在高位离场的事实，K线形态只是反映了资金离场时采取的具体手段而已。因此，当价格连续上涨之后，对成交量的变化进行分析是最为重要的。

长长的上影线反映出：价格曾在盘中出现了大幅度的上涨，但空方却在价格高位以更大的力度将价格打落下来。虽然收盘时价格可能并没有下跌，但上影线却将价格上涨之后又跌下来这一过程展现了出来。大阴线是价格大幅下跌造成的，长长的上影线自然也是价格上涨之后大幅下跌造成的，因此，高位的K线只要带有长长的上影线并且成交量明显放大，就意味着后期的走势充满了不确定性。

在图4-17中，价格在上涨过程中，一没有出现过大实体的阴线，二没有出现过长的上影线，说明价格在上涨的时候一帆风顺，并未遭受空方的打击。只要K线形态上没有表现出空方力量比较大的现象，价格的上涨自然就会很好地延续下去。

经过一波上涨之后，价格于高点区间收出了一根带有长长上影线的星

图 4-17 菜籽油 2201 合约 2021 年 9 月 16 日 1 分钟 K 线走势图

K 线。仅看上影线便可以发现，在这一根 K 线形成的过程中，价格回落的幅度非常大；如果将上影线当作阴线来看待，这一根 K 线就成了一根高位大实体的阴线。在分析的时候，带有长上影线的 K 线都可以一分为二，当成两根 K 线来看待，一根是去掉长上影线的星 K 线，一根则是上影线转变的大阴线。这样分开来看，价格的波动性质就会更加容易判断。

高位收出长上影线的时候，成交量也创下了上涨以来的最大量，说明资金在价格回落、形成上影线的过程中大规模地进行了出货。只要在高位发现资金有离场的迹象，就意味着下跌近在眼前了。图 4-17 中的高位巨量长影线出现后，价格并没有马上下跌，而是又小涨了一波，等再度形成了阴巨量之后才直接转为下跌，主力资金连续出货的信号非常明显。有的时候主力一次就可以完成出货，有的时候主力需要经过两三次出货才能顺利脱身，但不管价格在高位如何波动，只要有主力资金出货的信号出现，就可以确定顶部就在眼前了。

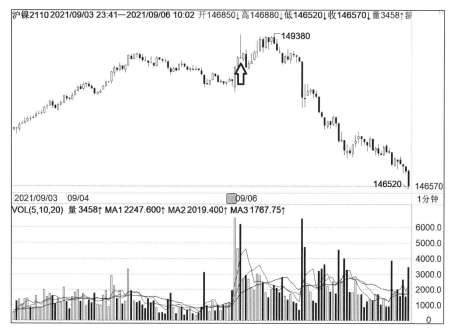

图 4-18　沪镍 2110 合约 2021 年 9 月 3—6 日 1 分钟 K 线走势图

在图 4-18 中，价格经过之前的上涨到达高位，高位区间的放量并不充分，没有见到主力资金明显的出货行为。要么是主力资金不想在此时出货，要么就是虽然主力资金想出货，但是市场不配合，没有那么多资金接盘，无法顺利出货。不管是什么原因，只要高位的量能没有明显的主力出货的迹象，价格就很容易在调整结束之后继续上涨，直至主力顺利脱身。

果不其然，调整结束后，价格再度上涨。但在突破之前高点的关键点位，却收出了一根带有长长上影线的星 K 线。如果主力资金想继续大力度做多，那么在价格创出新高、场外买盘活跃跟进的时候，为何不火借风势继续拉抬价格呢？高位的巨量应作何解释？合理的解释就是主力资金借助突破关键点位时吸引来的买盘，顺利完成了逢高出货的操作。

主力资金的持仓量越大，出货所需的时间就越长，这就会导致价格在高位的震荡会比较久。当高位巨量长影线出现时，如果价格没有马上下跌，就说明主力还没有彻底出完货，暂时还不能让价格跌下去。价格虽然没有下跌，但此时其波动的性质早已发生了改变，短暂的上涨只是为了进

135

一步吸引买盘入场以保证主力资金可以顺利脱身，并非主力主动发动的上攻行情。若投资者能在高位巨量长影线出现时发现这一风险来临的信号，那么价格后期的下跌不仅不会带来损失或风险，反而会带来做空赚钱的机会。

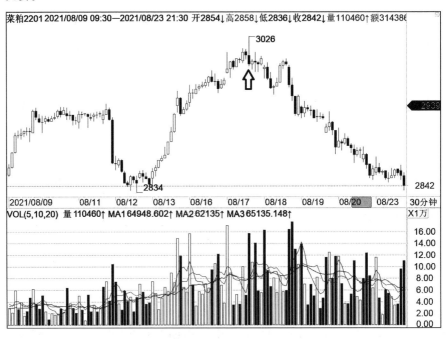

图4-19　菜粕2201合约2021年8月9—23日30分钟K线走势图

在图4-19中，价格经过一番上涨到达高位之后，虽然也收出了几根放量的阴线，但实体都很小，所以投资者可以忽略。毕竟这个市场里还有许多大户，他们的进出都可能导致短周期K线出现放量。放量时价格还可以维持小幅波动，说明多空双方的力量是均衡的，在这种情况下，价格的上升趋势便很难遭到破坏。放量之后，只有大幅度的波动才有可能改变价格的方向。

价格在创出了3026元的新高之后便快速回落，于高位收出了一根带有长长上影线的阴线。从收出上影线到收盘的价格变化来看，妥妥的一根高位大实体的阴线。价格在高位出现的如此大幅度的波动显然不会是普通投资者造成的，必然是主力资金的交易行为导致的，那么此时主力资金想干什么呢？如果是震仓，主力就不会出货，即使价格波动幅度大，成交量也肯定是萎缩的；如果是出货，那成交量肯定会有明显的变化。

结合K线形态和成交量便可以知道，这一根阴线的量能非常大，显然这是主力资金出货的信号。在主力资金开始大规模出货之后，走势后期所有的阴线都伴随着规模较大的放量，由此可见主力资金出货的态度是多么坚决。也正是由于受到主力资金高位出货行为的影响，上涨行情彻底得到了扭转。高位巨量长影线既是上升趋势的终点，也是下降趋势的起点，在风险信号到来的时候继续持有多单，风险可想而知！

图4-20 纸浆2110合约2021年8月30日至9月13日30分钟K线走势图

在图4-20中，第一轮上涨行情到达高点之后，收出了一根带有较长上影线的阴线，并且成交量在此时创下了图4-20中的最大量，显然，在这个点位有资金非常聪明地进行了出货的操作，成功地回避了后期价格长时间震荡的风险。虽然价格并没有转势下跌，但手中持有多单，面对长时间不涨并且波动重心还在不断降低的走势，谁的心里会舒服？所以，风险信号到来的时候，一定要先出局观望，等有了新的做多机会再重新入场，没必要在风险信号到来的时候还在场中熬着。

经过一番震荡之后，在阳线成交量再度放大的情况下，价格走出第二轮上涨的行情。上涨到高位之后再度见到了非常经典的风险信号——高位巨量长影线、高位巨量大阴线。且不说 K 线形态具体如何，高位明显的放量本身就不是好的现象。巨大的成交量肯定是主力资金所为，普通投资者是不可能造成量能巨幅放大的。那么，此时主力资金是建仓还是出货呢？价格涨了这么多建仓多单不符合常理，毕竟之前有足够的机会与时间让主力资金在调整区间建仓。低点不买高点买？所以，此时高点的放量不会是主力资金在多单建仓。排除掉这个可能性后，便只剩下空方建仓或是多方资金平仓的可能了。而不管是空方资金入场，还是多方资金离场，都必然导致上升趋势变得不稳定，给多单持有者带来风险。

在具体分析时，高位出现的影线越长，风险就越大，因为可以直接将上影线视为阴线，影线越长也就意味着阴线实体越大。这样分析的原因可以举例说明。假设 5000 元是价格上涨的高位，价格开始下跌，大阴线是直接从 5000 元跌到 4950 元，而上影线可能是先从 4950 元涨到 5000 元，再从 5000 元跌到 4950 元。而不管是大阴线还是上影线，都是从 5000 元跌到了 4950 元，因此，长影线便可以视为大阴线的实体。这样分析更容易理解。很多时候，带有长上影线的 K 线可能只是一根星 K 线，投资者会认为价格并没有下跌，从而放松了警惕。如果以上述思路进行分析，就会对高位巨量长影线始终保持谨慎的态度了。

4.6 高位巨量大阳线

投资者持有多单时，最希望看到的走势莫过于价格收出大实体的阳线，因为大阳线一出便可以在很短的时间内实现较大的盈利。而空仓的投资者也希望价格在上涨过程中收出大实体的阳线，因为这往往是行情加速启动的信号，可能会带来更大幅度波动的机会。没有人希望在做多的时候看到阴线。虽然一些小阴线不会干扰上升趋势的延续，反而对上升趋势还有促进作用；但从心理上来说，人们还是更愿意在做多的时候看到阳线不断出现。

正是由于投资者都有这样的心理，主力资金有时便会刻意反向操作，专门在想要出货的区间先收出大实体的阳线，一旦买盘纷纷跟进就大肆出货。在这种阳线上，投资者一旦做多，基本上都会被套在高点区间，风险非常大。

那么，这些带有极大风险的大阳线有着怎样的技术特征呢？首先，这根阳线出现在高位，否则主力资金没有足够的盈利空间，也就没有利用大阳线做掩护进行出货的必要了。上涨初、中期的大阳线都是为了获利而出现的，它们没有风险。其次，这根阳线的实体往往很大，否则不足以吸引投资者的注意，调动投资者的交易热情。最后，这根阳线对应的成交量往往很大，会创下近期的最大量或是次大量。

高位巨量大阴线、高位巨量长影线因为伴随着价格的明确回落，投资者很容易识别，而高位巨量大阳线出现时价格正在加速上涨，很容易让投资者放松警惕，头脑一热就冲了进去，导致其在后期的价格下跌过程中出现大幅亏损。高位巨量大阳线往往在高位巨量大阴线或高位巨量长上影线之前出现，从时间上来看，它是最早的风险来临信号。

在图 4-21 中，价格结束调整再度上涨时，阳线有所放量，但都比较温和。这样稳定的量能说明资金交易行为比较稳定，会促使价格稳定波动，所以，在量能稳定、温和放大的区间可以紧盯趋势坚定持仓。

在价格突破前高点时，成交量出现了明显的放大，这是风险到来的信号吗？前高点必然会存在高成本的套牢盘，价格运行至此，这些套牢盘由亏损变为盈利，必然会有一些心态不稳定的投资者会趁有所盈利赶紧出局，抛盘的增加会使得成交量明显放大。价格此时距离低点并不远，主力资金的盈利空间有限，再加上阳线实体比较小，波动空间不够大，所以主力出货的可能性很低。但由于量能突然放大，投资者还是有必要保持谨慎态度的，一旦价格有所回落也可以先撤出。

经过再一波上涨，价格突然收出了一根大实体的阳线。这一根阳线的实体是图 4-21 中所有 K 线里最大的，这样大的涨幅绝对会对场外的投资

图 4-21　菜粕 2201 合约 2021 年 9 月 15—17 日 5 分钟 K 线走势图

者产生强烈的吸引，让许多投资者误以为价格将要快速拉升。因此，随着这根大阳线的出现，成交量再一次出现了明显的放量。但价格此时距离低点已远，主力有了足够丰厚的获利，因此，投资者面对这种放量大阳线一定要多加小心。由于价格此时还在上涨，所以不必急于平仓，但要做好出局准备，一旦后期出现放量震荡或回落的走势，就可以执行平仓操作了。

在图 4-22 中，价格下跌到底部之后出现了快速反弹的走势。在初期反弹的时候，成交量明显放大，并且是连续放大，稳定性比较高。量能放大并不一定都是风险，持续稳定的放量不仅不是风险，反而是很好的操作机会。

随着价格一步步走高，上涨到下跌起点的时候，一根大实体的阳线突然出现，与此同时，成交量也急剧放大，形成了最大的成交量。价格处于高位，成交量又急剧放大，这样的量能形态必然不是主力资金建仓导致的，也不是多头建仓导致的，要么是空头资金正在趁高点建仓做空，要么是多头资金在大规模出货。此时，对高位量能性质的判断思路与高位巨量

图 4-22　生猪 2201 合约 2021 年 9 月 14—17 日 5 分钟 K 线走势图

大阴线或高位巨量长影线是完全一样的。

　　也可以换一种思维方式去判断。低点区间同样收出了一根大实体的阳线，那时的成交量虽然有所放大，但相比下跌时阴线的量能仍算温和。为何之前温和的量能就能推动价格大幅上涨，而此时却需要如此大的量能才能推动价格同样大涨呢？这就好像开车，之前油门踩到一半就可以跑到 80 千米/小时，而现在油门踩到底才能跑到 80 千米/小时，是不是意味着车出现了问题？同样大的阳线实体，对应的成交量却有极大的差异，这往往意味着在高位大阳线出现的时候，主力资金趁机进行了出货的操作。投资者疯狂追进，主力资金大肆出货，双重作用使得成交量急剧放大，同时带来了风险。

141

焦煤2201 2021/09/16 11:09—2021/09/17 09:00 开2724.0↑高2744.0↑低2710.0↓收2743.5↑量1210↑额19

2849.5

2743.5

2693.0

2638.5

2021/09/16

VOL(5,10,20) 量1210↑ MA1 456.6↑ MA2 352.4↑ MA3 305.9↑

1分钟

图 4-23　焦煤 2201 合约 2021 年 9 月 16—17 日 1 分钟 K 线走势图

在图 4-23 中，在价格主要下跌阶段区间，成交量始终保持连续放大的状态。量能的稳定程度非常高，说明资金入场非常有序，资金交易热情始终高涨，没有改变，这就是非常标准的连续放量技术形态。在这种完美放量的推动下，价格很容易爆发一轮大幅度下跌的行情。

一大波下跌结束之后，价格虽然于后期出现了两次创新低的下跌走势，但下跌行情的延续性却非常差——刚一创新低并收出大实体的阴线时，下跌就随着这根低位大阴线的出现马上中止。下跌之所以无法很好地延续，与成交量的状况有着直接的关系：价格创出新低时，成交量并没有延续性地放大，都只是突发性地放巨量，量能缺少稳定性。突发性量能只会引发突发性行情，往往难以延续，一旦成交量不能继续放大，价格的下跌就会随之中止。

在成交量放大且收出低位大阴线时，投资者不必在大阴线上进行平仓空单的操作，因为价格还在下跌，万一后期成交量继续放大，价格继续收出大阴线呢？正确的操作是将低位巨量大阴线作为风险来临的信号，做好随时出局的准备，一旦价格跌不动或者成交量明显萎缩了，就赶紧撤出场。这样一来，低位巨量大阴线之后的趋势逆转或反弹就不会对收益产生影响或带来亏损风险了。

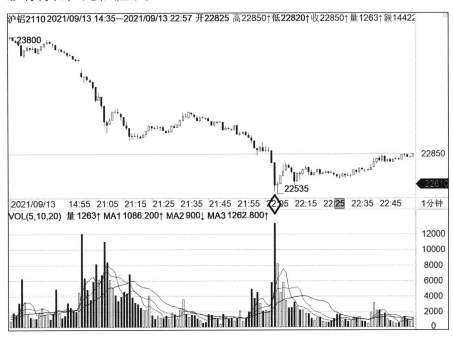

图4-24　沪铝2110合约2021年9月13日1分钟K线走势图

在图4-24中，价格开盘之后便出现了一轮放量下跌的走势。当前的走势是盘中第一波放量下跌，显然这是主力资金在当天的建仓巨间。主力资金会在日线上进行趋势性的操作，也会在日内进行滚动交易。大趋势向上不影响整体的做多，但当日内盘面趋空时，主力也可以借机短线做空，多赚取些收益。方向不同的两种操作其实并不矛盾。

在开盘后的第一波放量下跌的过程中，成交量保持连续放大的状态，说明资金入场非常有序，一开始就做好了操盘的准备，价格后期必然还会出现新的下跌行情。经历了非常完美的缩量反弹之后，价格继续下跌，并且随着下跌的延续，成交量也开始活跃起来。当最后一根大阴线出现时，成交量也达到了顶峰，创下了开盘以来最大的量能柱体，甚至比开盘第一根K线对应的成交量还要大。在低位出现这么大的成交量意味着什么呢？

依然可以使用排除法进行分析。

首次，这肯定不是空方资金的加仓行为，因为之前下跌过程中的成交量已经很大了，空方的建仓应当是很充分的；其次，反弹区间和第二轮下跌的初期也完全可以用来加仓，而这些区间的无量走势说明主力根本不需要继续增仓了。既然不是空方主力的加仓操作，那这要么是多单的抄底建仓，要么是主力空单的大规模平仓，无论是哪一种情况，都不利于价格继续下跌，而有利于价格上涨。只要得出了"不利于价格继续下跌"的结论，投资者就可以做好随时出局的准备了。低位巨量大阴线形成的时候，可以继续持有空单或者减仓，没必要清仓，因为价格正在下跌；一旦后期阴线的成交量无法继续放大，或是价格有跌不下去的迹象，就可以择机清仓。

高位巨量大阳线或是低位巨量大阴线出现的时候，行情的确非常吸引人，并给人一种将会加速上涨或下跌的错觉。但这恰恰就是主力资金布下的陷阱。如果不能让投资者头脑发热，主力资金又如何能顺利出货呢？并不是所有的巨量大阳线或巨量大阴线都不好，关键在于位置！低位巨量大阳线或是高位巨量大阴线就是好的现象，因为此时主力资金正在加大力度建仓。而高位巨量大阳线或是低位巨量大阴线则往往不是好现象，它们一旦出现，投资者必须提高警惕！

4.7　放量破撑压

在实战中，有许多介入点是依据支撑或压力的原理来确定的。比如，在上升趋势中，只要支撑作用有效，就可以不断促使价格向上；在下降趋势中，只要压力作用生效，便可以促使价格不断下跌。一旦支撑或压力被突破，价格的走势就可能会变得复杂且难以判断，如果没有足够丰富的应对经验，投资者还是在支撑或压力被突破之后出局暂避风险为宜。

支撑或压力被突破的时候，有时伴随着缩量，有时伴随着放量。缩量突破支撑或压力更多的是主力资金的洗盘行为，刻意让价格突破支撑或压力，触发投资者的止损行为，一旦把投资者踢出场外，主力资金便又会马上发动行情。当然，并不是说缩量突破支撑或压力就可以继续持仓，支撑与压力不管是缩量被突破还是放量被突破，都需要暂避风险。若是无量突破支撑或压力的，在出局的同时，一定要留意后期有可能随时出现的起涨或起跌动作，一旦价格突破支撑后无力下跌并抬头向上，或突破压力后无力上涨并重新向下，就需要赶紧重新入场把握主力震仓完毕后的新机会。

若碰到价格突破支撑或压力时伴随放量现象，则必须赶紧出局，有资金推动导致的支撑或压力被突破的现象，往往是趋势将会发生逆转的信号。并且出现放量破撑压现象后，成交量很容易形成延续性放量并使得趋势得到彻底的逆转，此时若不及时出局，到手的利润将会大幅回吐。

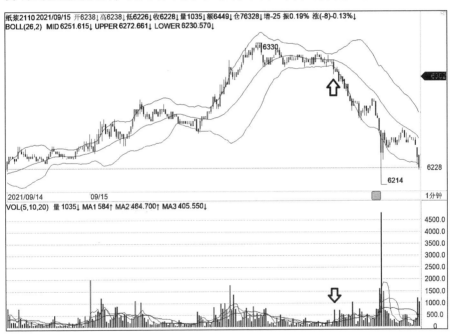

图 4 - 25　纸浆 2110 合约 2021 年 9 月 15 日 1 分钟 K 线走势图

在图 4 - 25 中，价格在主要的上涨和下跌阶段，K 线始终都运行于布林线指标通道之内。这是价格上涨或下跌时的常见现象，基本 90% 的时间里 K 线都会运行于布林线指标通道以内，只有在 10% 左右的时间里才会跑到通道外形成强势涨跌走势或行情逆转走势，但很快便重新回到布林线指标通道之内。

因为布林线指标是一种通道类指标，既可以向投资者提示交易的方向，又可以精确地提示支撑与压力位所在，所以，笔者在操作的时候喜欢使用该指标。布林线指标相比移动均线更适合于实战操作，各位读者朋友不妨深入地对比一下。

在图 4-25 中，价格在最后一轮上涨之后，形成了高位横盘震荡的走势。在上升趋势中，只要 K 线没有跌破布林线指标下轨这最后一道重要的支撑位，多头行情就会一直保持，所以，投资者可以将布林线指标下轨作为多单的最后一道防线。经过一段时间的震荡，价格在箭头标注处向下跌破了布林线指标下轨，并且在价格跌破重要支撑位的时候，还出现了明显的放量现象，说明此时的下跌得到了资金的支撑。放量跌破支撑，再结合价格已经大幅上涨到高位，便发出了非常明显的风险来临信号。

在价格放量跌破布林线指标下轨时，手中的多单要赶紧平仓出局，持有空单的投资者则可以在做好止损的前提下，激进地做一把空单，若价格没有跌下去无非亏个小钱，风险并不大，而一旦价格跌破了下轨转势向下，就会直接捉住一大波下跌的行情，并且介入点还是下跌走势的起点，利润会非常丰厚。

在图 4-26 中，价格在上涨的绝大多数时刻，K 线都运行在布林线指标下轨与上轨之间。布林线指标中轨方向不断向上，上涨的时候中轨第一道支撑位和下轨第二道支撑位的支撑作用明显，在这种情况下，投资者便可以坚定地持有多单。

在价格上涨到高位的时候，有时会出现经典的风险性量能形态，比如高位巨量大阴线或高位巨量大阳线，但有时也不会出现这些标志性的风险来临信号。图 4-26 中的走势就是如此，高位区间并没有明显的风险信号出现，而后价格便跌了下来。面对这样的走势，投资者就需要通过判断支撑能否继续有效的方式来决策平仓多单或介入空单的时机了。

价格在高位略做震荡之后，便向下跌破了布林线指标下轨的最终支撑位。在上升趋势中，价格可以跌破中轨，一旦跌破下轨，上升趋势能否继续保持就充满未知了。本着绝不参与未知行情波动的原则，在布林线指标

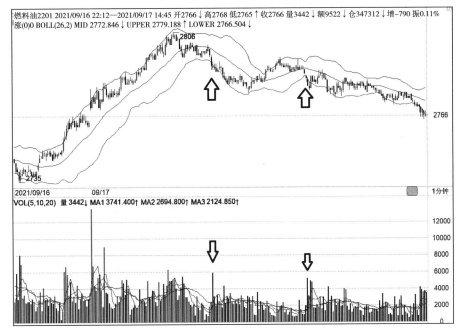

图 4－26　燃料油 2201 合约 2021 年 9 月 16—17 日 1 分钟 K 线走势图

下轨的强大支撑被跌破之时，手中的多单就必须赶紧离场了。

在价格转为下降趋势之后，先后形成了两次放量跌破下轨的技术信号，在重要支撑被跌破的时候，一轮持续的下跌行情随之展开。由此可见，上升趋势中重要支撑被跌破，对多头行情的破坏性有多么大。高位、放量、破支撑三者同时出现时，多单一定要赶紧离场，空单则可以考虑入场搏一下。

在图 4－27 中，开盘后不久便出现了一根巨大的成交量柱体。在实战中进行具体分析时，不管是日盘还是夜盘，开盘后第一根 1 分钟 K 线或 3 分钟 K 线引发的放量，都没有分析的价值。新一天的行情刚刚开始，已做好准备的各路资金会在此时集中入场，不管是持多头思路的投资者还是持空头思路的投资者，第一根 K 线都可能是比较好的介入点。价格高开或低开得越明显，第一根 K 线的成交量就会越大，因此这一根 K 线多数时候可以无视，需要关注的是开盘之后成交量的表现。

开盘后价格经历了较长时间的震荡，无论是上涨还是下跌，K 线都乖

147

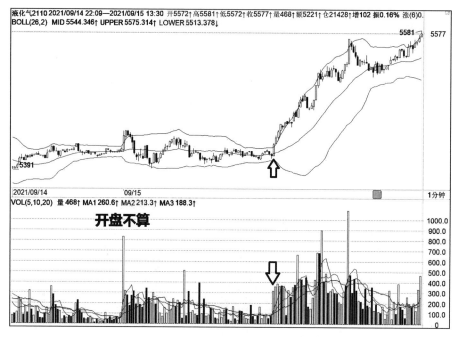

图 4-27　液化气 2110 合约 2021 年 9 月 14—15 日 1 分钟 K 线走势图

乖地待在布林线指标通道之内。在价格没有选择明确方向，投资者不宜过早入场，否则就不是做交易，而是在赌行情了，这并不理性。价格窄幅震荡时虽然没有操作的机会，但可以让投资者非常轻松地制订出操作的计划：如果价格向上突破布林线指标上轨的压力，那么很有可能后市的方向将会向上，可以择机做多；若价格向下跌破布林线指标下轨的支撑，可能就会引发一轮下跌行情，可以入场进行做空的操作。

横盘结束之后，价格走出了向上的行情，一根放量的阳线坚决地向上突破了布林线指标上轨的压力。预期的走势形成之后，投资者自然已在价格顶破上轨的那一瞬间介入多单。价格涨幅不大或处于低位、成交量明显放大、K 线向上突破上轨压力，这三点同时出现往往意味着一轮上涨行情就在眼前。当然，多单的机会便是空单的风险，在震荡区间入场做空的投资者，看到价格放量突破上轨压力时，必须第一时间止损离场，不然亏损将会随着阳线的不断出现而变得越来越大，最终造成难以挽回的巨大损失。

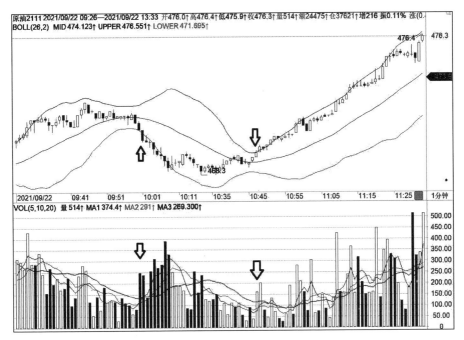

图4-28 原油2111合约2021年9月22日1分钟K线走势图

在图4-28中，价格上涨之后出现了调整的走势，在第一个箭头前虽然跌破了中轨，但没有跌破下轨，低成本的投资者还可以继续持有多单。在上涨初期，投资者可以以是否跌破了中轨的支撑作为多头形态被破坏与否的判断标准，但当价格有了一定幅度的上涨之后，就必须将是否跌破了布林线指标下轨的支撑作为多头形态被破坏与否的判断标准，要给价格留出合理的波动空间。

最终，下轨未能发挥应有的阻止价格下跌的支撑作用，这是因为在价格向下跌破下轨时，成交量明显放大，说明资金已经做好了破坏多头形态的准备。在放量跌破下轨现象出现的时候，投资者一定要及时地将手中的多单平仓出局。跌破的那一刻，也可以直接逆势操作，搏一次空头行情。不成功，无非一次小亏损，一旦成功，便能直接捉住一大波下跌行情，并且介入点还是下跌走势的起点，收益远大于风险。

一波下跌行情结束后，价格低位震荡，由于震荡区间的阴线始终无法再形成有效的连续放量，因此给了多头反击的机会。随着阳线成交量的明显放大，阳线坚决地向上顶破了布林线指标上轨的压力。之前价格放量跌破下轨支撑时出现了一波下跌，现在价格放量顶破上轨压力，出现了一模一样的技术特征，自然也可以带动一波上涨行情。因此，阳线向上顶破上轨的点位是空单的风险点，也是多单的机会点。

上升趋势想要完好地延续，布林线下轨是最后一道防线，是不能被跌破的。否则，就算后市还会继续上涨，也必然要经历一番震荡。面对未知的局势，多单持有者必须在阴线放量跌破下轨支撑时暂时离场。而下降趋势想要更好地延续，布林线指标上轨是最后一道防线，一旦失守，便意味着空单风险的到来。放量突破上轨压力的走势，很容易产生一轮上涨行情，因此，放量顶破上轨的点位便是空单的风险点、多单的机会点。

4.8　量能双拐头

K线形态中有移动均线，可以帮助投资者减轻分析的压力；成交量界面中也有均量线，可以帮助投资者减轻对量能变化进行分析的压力。因此，除了要对成交量柱体的变化情况进行分析外，还可以结合均量线指标进行综合分析。与移动均线一样，n周期均量线就是对n日成交量的平均，可以更直观地反映放量与缩量：均量线趋势向上时说明进入了放量区间，均量线趋势向下时说明成交量处于萎缩区间。成交量柱体高于均量线的部分可以视为主力资金的参与量，当成交量柱体低于均量线时，则意味着主力资金彻底或暂时停下了积极的操作。

使用移动均线时，在价格上涨的高位发现死叉，往往意味着风险的到来；同理，在价格上涨到高位时，一旦均量线出现双拐头现象，投资者就要留意风险的到来了。量能双拐头现象要么与风险同步出现，要么是风险到来的信号，因此使用这种方法进行分析，投资者完全可以在趋势逆转之时作出正确的决策。

判断量能双拐头现象需要使用两根移动均量线，一根10周期均量线，一根20周期均量线。价格上涨到高位或下跌到低位后，10周期均线量会

率先向下拐头，意味着短周期成交量有了衰竭的迹象，一旦 20 周期均量线
也出现向下拐头的迹象，就意味着中长期成交量也有了衰竭的迹象。量能
一旦衰竭、无法延续之前的放量状态，便意味着价格上涨或下跌的动力不
足，在这种情况下，风险也就会很快到来了。价格趋势要么彻底逆转，要
么会出现一段时间的反方向震荡。

图 4 - 29　甲醇 2201 合约 2021 年 9 月 17—22 日 1 分钟 K 线走势图

在图 4 - 29 中，价格在上涨的过程中，成交量始终保持高度活跃的状
态，说明资金做多的热情非常高。只要成交量能够不断地延续放大，价格
的上升趋势就可以一直保持下去。在成交量持续放大的区间，投资者一定
要积极寻找各种中途介入点，并坚定地持有手中的多单。

价格上涨到一半左右的时候，10 周期均量线率先由上升趋势转变为下
降趋势，均量线的第一个拐头现象出现。因为只有一根均量线下拐，所以
它只是一个提醒，而不意味着风险已经到来。一根均量线形成拐头，投资
者可以继续持有多单，但不宜新开仓入场了，要由之前激进的操作策略转
变为保守的操作策略。

151

　　价格再度上涨之后，20周期均量线也出现了向下拐头的现象，至此，量能双拐头现象完全显现，风险来临信号明确形成。这个时候如果价格还处于上涨状态，就要做好随时出局的准备，若价格已有下跌迹象，则可以直接平仓出局。在图4-29中，量能双拐头形成后，价格还小幅上涨了一波，风险来临信号提前于下跌走势出现，给投资者留下了足够的时间进行决策，这样一来，后期的下跌走势也就不可能导致投资者收益的大幅回吐了。

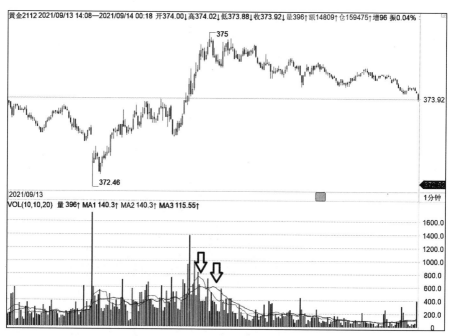

图4-30　黄金2112合约2021年9月13—14日1分钟K线走势图

　　在图4-30中，价格震荡上涨时，成交量始终保持温和放大的状态，并且20周期均量线也保持连续向上的态势，量能配合着放大，只要支撑有效，上升趋势便很难结束。

　　经过一段时间，价格上涨到高位以后，10周期均量线由上升趋势转为下降趋势。一根均量线向下拐头便意味着投资者此时可以继续持仓，但不可以新开多单了。当然，由于上升趋势依然明确，许多做空的技术条件还不满足，空单肯定是不可以做的。一根均量线向下拐头只是一个提醒，并不是风险到来的信号，除提醒投资者要注意第二根均量线会不会向下拐头外，还提示投资者不可以再开仓。

在 10 周期均量线向下拐头后不久，20 周期均量线也出现了向下拐头的现象，至此，量能双拐头风险来临信号彻底显现。从后期连续下跌的走势来看，量能双拐头形成的点恰恰是平仓多单非常理想的价格高点，风险来临信号非常及时地向投资者发出了警示。量能不稳定，价格就会不稳定，而量能不稳定的一大标志便是量能双拐头技术形态的出现。

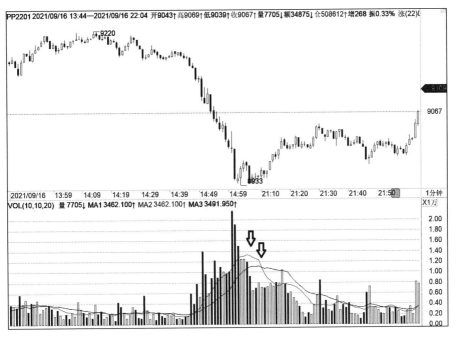

图 4-31　PP 2201 合约 2021 年 9 月 16 日 1 分钟 K 线走势图

在图 4-31 中，价格下跌时的成交量变化非常经典，每一根阴线都有巨大的量能配合，这是资金坚定且积极做空最直接的表现。同时，两根均量线也坚挺地保持着向上的态势，如此完美的放量必然会催生一波大幅度下跌的行情，只要没有出现深度下跌，投资者就不宜过早平仓手中的空单。密集的放量必然对应大幅度的下跌，这是铁一般的规律，是投资者赚大钱的大好时机，千万不要因为赚了一点小钱就兴奋地过早平仓。

价格下跌到底部后，10 周期均量线首先出现向下拐头的迹象。投资者此时便不可以再开仓追空了，只能凭借较高的空单成本暂时继续持仓，操作风格必须由激进转为保守。10 周期均量线拐头向下往往意味着参与短线炒作的资金数量开始有所减少，这将会影响价格的短线波动，在短线波动有可能失去动力的时候激进追空，很难取得好的操盘效果。

　　10 周期均量线向下拐头之后不久，20 周期均量线也出现了向下拐头的迹象，至此，量能双拐头技术形态向投资者发出了风险已经到来的信号。从后期价格的持续反弹走势来看，量能双拐头的风险提示非常及时、到位，在价格刚要上涨的时候便提示投资者要留意风险。两根均量线全部向下拐头，意味着无论是短期还是中期，资金的操作热情都已经明显降低，价格的下跌走势也将大概率失去延续性，此时就算不舍得清仓，也必须大幅减仓以锁定收益。

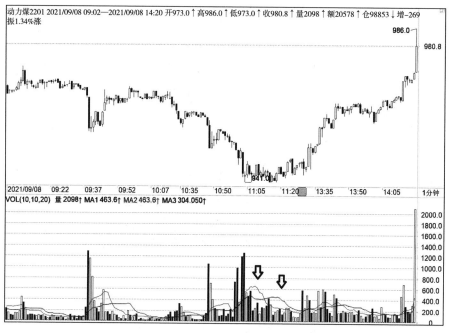

图 4-32　动力煤 2201 合约 2021 年 9 月 8 日 1 分钟 K 线走势图

　　在图 4-32 中，成交量的表现相对缺乏规律，在使用量能双拐头方法进行具体分析时需要参考更多的条件。量能形态越标准、放量越充分，量能双拐头的使用效果就越好。其实，任何技术形态面对量价形态不规律的时候，都会或多或少地"失准"。投资者对于这些不规律形态，应当首先本着回避的态度，努力从当前市场中找出那些量价形态规律的品种来盯盘与操作。如果当前市场处于弱势状态，不存在有规律的走势形态，那就只能付出更多的精力去全面、细致地进行分析了。

在量能表现并不规律的情况下，投资者一定要注意价格所处的位置。在下跌初期或下跌中期、跌幅并不是很大的时候出现的量能双拐头现象，可以适当忽视，以趋势方向为主指导操作；而价格连续下跌了好几波、累积了较大跌幅时出现的量能双拐头现象，就必须加以重视。同样的技术形态，在不同的位置，分析的结论会有很大区别，这是投资者在学习过程中必须注意的一个细节。

在图4-32中，随着连续放量的出现，价格下跌到低点区间时已经累积了较大的跌幅，此时出现的任何风险来临信号都必须引起投资者的重视。价格到达最低点的时候，10周期均量线率先形成了向下拐头的走势，此时，空单可以继续持有，但新开空单的操作必须停止。不久后20周期均量线也形成了向下拐头的走势。第一个拐头提示风险，第二个拐头则意味着风险的到来，至此，投资者必须进行减仓或是清仓的操作。量能双拐头意味着资金继续做空的积极性明显降低，必然会导致下跌走势出现变化。为了保住做空的收益，在量能双拐头信号出现之际果断离场才是最佳的选择。价格位置不好了，量能形态也不好了，此时继续持有空单不是上策。

若各位读者朋友对本章内容有技术上的疑问，可联系笔者团队进行交流（微信：18588880518，QQ：987858807），以使您的学习不留疑点、难点。让我们一起进步！

5 量能机会性技术形态

　　成交量有风险性技术形态，自然也有机会性技术形态。只要这些机会性技术形态出现，就意味着价格将会进入波动活跃的区间，价格的涨跌走势将会具有惯性，从而给投资者带来大好的收益机会。

　　量能机会性技术形态既有放量的形式，说明有资金积极主动参与；也有缩量的形式，说明资金的操作暂时停止，在孕育着下一次机会。结合价格的不同位置进行分析，便可以轻松地把握住机会，从而在价格将要启动的位置更好地找到介入点。

5.1 放量涨跌

价格想要上涨或下跌，离不开资金积极主动地推动。虽然价格在无量的情况下依靠市场明显的多空氛围也能被动地上涨或下跌，但是想要走出延续性的、强势的涨跌走势，放量是必不可少的。

放量说明资金在入场，放量越集中，越说明资金的性质是主力，因为普通投资者的资金很难如此统一地在某一时段、某一价位处集中介入，散沙式的操作也不可能促使成交量急剧放大。因此，放量现象越明显，越说明存在主力资金。主力资金入场是为求利，因此放量的过程中，在价格没有出现大幅波动之前，对于投资者来说，介入点会有很多，持仓盈利的机会也会有很多。只要大胆地在放量区间操作，个人资金就必定会随着价格的大幅波动水涨船高。

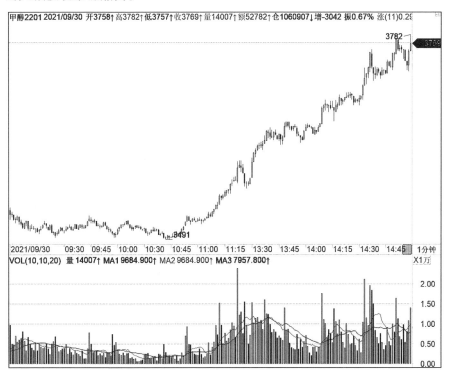

图 5-1　甲醇 2201 合约 2021 年 9 月 30 日 1 分钟 K 线走势图

在图 5 - 1 中，在价格低点震荡的区间，成交量始终保持低迷的状态。在量能不断降低的情况下，交易机会是非常少的，就算捕捉到了高点与低点，也只能赚到小钱，根本没有好机会。

价格见底后，随着第一轮放量上涨的出现，成交量在整个上涨过程中保持连续放大的状态。能够集中促使量能巨幅放大的，不可能是普通投资者的资金。一来普通投资者不会这么心齐，二来普通投资者的资金规模也不足以导致连续性巨量的出现。因此，上涨区间的放量必定意味着主力资金在积极地运作。

在成交量放大的区间，价格呈现出涨得多、涨得快、上涨时间长、调整时间短、调整幅度浅的技术特征，对于空仓的投资者来说，中途入场的机会有许多，而对于持仓的投资者来说，小幅度的调整不足以打掉止盈位。就图 5 - 1 中这样的上涨走势，投资者很容易在一天内获得近 50% 的巨幅收益。而如此大的收益率也只有在放量区间操作，才有机会获得。

图 5 - 2　塑料 2201 合约 2021 年 9 月 30 日 1 分钟 K 线走势图

在图 5－2 中，开盘之后价格便出现了一轮下跌的走势。在下跌的过程中虽然有成交量放大的现象，但量能的整体趋势却是不断萎缩的，这就使得价格下跌的空间受到了限制。大幅度的下跌怎么可能会在不断萎缩的量能之中出现呢？

价格下跌到低点后，成交量继续保持萎缩的状态，从而使得价格出现了较长时间的窄幅震荡走势。由此可见，只要不出现成交量放大现象，价格无论上涨还是下跌，幅度都将变小。想要获得大的收益，就一定要在放量的时候及时入场。

11：00 之后，随着上升趋势进一步明确，成交量终于放大。由于这是开盘后首次上涨时的放量，因此可以确定，这就是主力资金当天第一批多单建仓的成本。主力的建仓成本找到之后，只要在放量区域附近入场，都可以跟随主力资金实现巨大的收益。哪怕是在主力进场后的上涨中途入场，在后半段的上涨行情中，也可以轻松获得 20% 以上的收益，而如此可观的收益都是放量带来的。

图 5－3　白银 2112 合约 2021 年 9 月 30 日 1 分钟 K 线走势图

在图5-3中，开盘之后，价格延续之前的下降趋势继续大幅下跌。在下跌的过程中，成交量连续放大，说明主力资金开盘时便准备好了要大规模入场做空。开盘初期的集中放量区间就是主力资金当天最主要的空单成本区。

之所以要密切追踪放量现象，就是为了发现主力资金运作的信号。通过放量，可以得知主力资金的建仓成本、建仓方向，从而确定低风险的介入点，并为预测价格的风险度提供重要的参考。就图5-3中的走势来看，开盘放量下跌之后的第一个反弹区间就是最佳的介入点位，因为价格暂时的上涨留下了逢高做空的机会，同时，这一次的反弹离主力资金的建仓成本区非常近，在这个点位主力资金并没有实现多少收益，因此，价格继续下跌的概率是极大的。

而这样精确的分析结论，是缩量无法告知投资者的。放量下跌延续了一段时间后，成交量越来越小，显然，在下跌末期，主力资金借着时不时的放量，早已顺利变现了收益。失去了主力资金的主动维持，股价便陷入了长时间无规律的窄幅波动中。放量带来的机会多，收益大；而缩量带来的机会少，收益低。

在图5-4中，成交量有两处明显的放量与缩量区间。在成交量连续萎缩的区间可以看到，价格无论是在低位还是在高位都失去了活力，保持着窄幅波动的走势。波动幅度很窄便无法走出规律性明显的技术形态，很难给投资者带来较大幅度的盈利。

而在成交量放大的时候，价格无论是下跌还是连续上涨，波动幅度都明显加大。下跌后反弹以及上涨后调整的走势，规律性非常明显，给投资者提供了多次极好的中途入场机会，每一次入场做空或做多之后，都可以非常轻松地实现不菲的日内投机收益。

放量形成之时，正是机会开始之际，其间一定要握紧手中与价格波动方向一致的持仓，这是赚大钱的绝佳时机。而缩量虽然暂时不会给投资者带来大的机会，但是缩量之后必定放量，只是无法预计何时会放量而已。放量必然会在缩量之后出现，因此，投资者便可以在缩量区间紧盯成交量是否有放大的迹象，一旦发现放量上涨或放量下跌现象，就要意识到——

图5-4　生猪2201合约2021年9月16日1分钟K线走势图

新的大机会再度出现了。

163

5.2　无量反弹

下跌的过程中，反弹走势是必然出现的，性质"健康"的反弹不仅不会对下降趋势产生破坏，反而会促使下跌行情进一步延续。同时，每一次性质"健康"的反弹都会给投资者带来一次中途入场做空的好机会。投资者只要懂得识别什么样的反弹是性质"健康"的，也就可以轻松地捕捉到价格进一步下跌带来的盈利机会。

性质"健康"的反弹具有这样的技术特征：反弹过程中阳线的实体都很小，小实体的阳线很难扭转大的下降趋势，说明多方力量比较弱，在多弱空强的情况下，价格将会继续下跌；反弹时上涨幅度小，反弹幅度往往在下跌幅度的 1/3 以内，最多也不会超过下跌波段的 1/2，进一步说明多方力量弱，无法与空方相抗衡；无论反弹阳线如何收出，成交量始终保持萎缩的状态，说明没有资金愿意在此时入场参与做多，而场中的空方资金也没有大规模平仓，资金操作有序，因此价格很容易延续之前的趋势继续向下。

在这三个技术要点中，反弹时量能萎缩是最重要的！那么，萎缩到什么地步才算达标呢？有两种判断方法：第一种是对比法，将反弹时阳线的成交量与下跌时阴线的成交量进行对比，只要减少 50% 以上，便可以视为萎缩到位；第二种是结合均量线进行分析，阳线的成交量柱体只要位于均量线下方，便符合了缩量的要求。一旦反弹时的成交量萎缩到位，此时的反弹就是下降趋势中一个重要的局部做空高点。

图 5-5　沪锌 2111 合约 2021 年 9 月 30 日 1 分钟 K 线走势图

在图 5-5 中，价格在第一轮下跌的过程中，阴线都伴随着明显的放量，说明价格刚开始下跌时便有资金积极地入场操作。结合价格所处的位置便可以确定，第一波下跌区间的放量是主力资金在建仓。找到了主力资金的成本所在，操作的问题就很容易解决了。只要在主力资金建仓成本附近找到合适的做空点便可以大胆做空，在价格没有大幅下跌、主力没有赚到丰厚利润之前，持仓是非常安全的。

第一波放量下跌之后，主力开始了洗盘震仓的操作。虽然价格长时间没有跌下去，但波动重心也没有明显上移，说明主力在死死地压着价格，否则价格一旦涨起来，岂不是给了投资者比主力还好的做空机会？主力辛苦半天又怎么可能允许自己的持仓被套住，让利给别人？在价格反弹的过程中，阳线的实体都非常小，这是多方力量虚弱的体现。实体大一些的阳线都收不出来，又怎么可能通过小幅度的反弹改变下降趋势呢？较小的反弹幅度直接向投资者发出了价格大概率还会下跌的信号。

除反弹幅度小、阳线实体小这两个非常明显的多方力量很弱的信号外，反弹过程中，阳线的成交量始终保持萎缩的状态，与下跌时的阴线相比成交量明显减少，同时，阳线的成交量柱体位于均量线下方，完全符合量能萎缩的技术要点。反弹时成交量越是萎缩，高点做空的可靠性也就越大。面对在主力成本区附近如此完美的反弹高点，投资者应当坚定地按下开空单的确认键。

在图 5-6 中，价格下跌过程中的技术形态非常简单，一次规模大一些的反弹都没有出现。面对这种技术形态，持有空单的压力是非常小的，投资者很容易在这种连续放量单边下跌的行情中获得可观的收益。

一轮大跌结束之后，价格出现了反弹的走势。第一轮反弹操作难度较大，最主要的原因就是在反弹的过程中，成交量出现了温和放大的迹象。此时的放量反弹是空方资金在出货，还是多方资金在入场抄底？在反弹延续的过程中，是很难给出准确答案的。如果量价配合形态看不清楚，投资者最好不要盲目操作。什么时候形成规律的量价配合形态，什么时候再入场操作，这样安全性才比较高。

第一轮反弹结束并且下跌一段时间之后，价格再次反弹。第二次反弹的时候，多方的力量明显小了许多，仅凭反弹时价格上涨的角度比之前平缓就可以作出判断。同时，在第二次反弹的过程中，阳线的成交量无论相

图5-6　菜粕2201合约2021年9月28日1分钟K线走势图

较于下跌时阴线的量能，还是相较于第一次反弹时阳线的量能，都有了明显的萎缩迹象，说明资金在此时做多的积极性明显降低。同时，反弹区间的阳线成交量柱体基本上都在均量线下方。无论是使用对比法判断缩量是否到位，还是使用均量线辅助判断，此时反弹的成交量都是标准的缩量。量能到位，那么在价格短暂上行的区间自然就可以找高点大胆地杀入空单。反弹没关系，只要成交量是萎缩的，就是中途做空的大好机会。

　　在图5-7中，一开盘价格便出现了放量大幅下跌的走势。刚开盘时的放量区间往往是主力资金当天最主要的成本区间，如果在该区间内能形成标准的做空介入点，那将是极好的操作机会。

　　放量下跌之后，价格出现了连续的反弹，由于反弹力度略大，因此只看K线形态无法识破主力的操作意图。但此时只要仔细观察成交量的变化，就可以很轻松地判断出价格的波动性质。在价格反弹的时候，成交量随着价格的上涨越来越小，说明价格越涨，资金做多的积极性越低，价格

图 5 - 7   PTA 2201 合约 2021 年 9 月 28 日 1 分钟 K 线走势图

位置越高,资金越不敢进行操作。这是资金积极做多的表现吗?显然不是。如果资金真要做多,必定会在价格上涨时更加积极地入场操作,成交量应当连续放大才对。因此,开盘之后价格越反弹越无量的现象意味着上涨是"虚"的。

如果开盘后有主力资金大规模介入,并且在反弹过程中又没有资金参与做多,那么价格便只有下跌这一条路可走。反弹起来之后,只要看到阳线的成交量相比阴线大幅减少,并且阳线成交量柱体位于均量线下方,便可以视为缩量到位。既然形成了完美的缩量,自然也就很容易给投资者带来一次逢高做空的好机会。

在图 5 - 8 中,价格出现了两轮大跌的走势,虽然这两次下跌的位置不同,但具有非常明显的共性:下跌的时候,阴线的成交量都出现了放大的迹象,说明下跌是资金的主动性操作导致的。只要阴线的成交量没有萎缩,价格便有足够的动力向下冲,在放量延续的情况下,投资者应当坚定

167

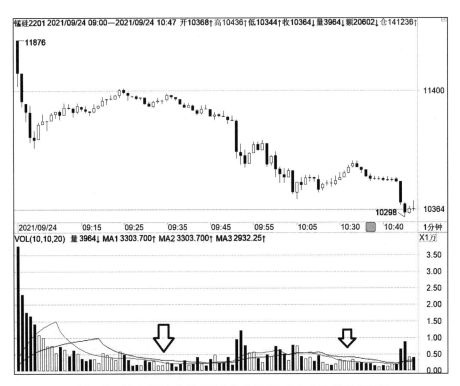

图 5-8　锰硅 2201 合约 2021 年 9 月 24 日 1 分钟 K 线走势图

地持仓。

　　除了两大波下跌行情具有相同的技术特征外，两次大规模的反弹虽然位置不同，但也具有极为明显的技术共性：在价格越弹越高的情况下，成交量不仅没有随着价格的上涨出现放量的迹象，反而出现了缩量的现象。此时的缩量反弹也可以理解为无量上涨，这是价格上涨得不到资金主动推动的结果。价格越涨，场外的资金越不敢入场操作，这种情况下，又怎么可能出现持续性的上涨行情？

　　因此，价格连拉了几根阳线有了一定幅度的反弹后，发现成交量柱体在均量线的下方，意味着缩量达标了。放量下跌、缩量反弹构成了完美的量价配合形态，场中主力资金此时的态度依然是坚定地做空，这种情况下，投资者又有什么理由不在反弹的高点积极做空呢？

　　下跌之后必见反弹。收出大实体阳线的反弹不要，放量的反弹不要；只能收出小阳线、整体幅度不是很大、反弹时明显缩量的反弹走势也就成了投资者积极关注与操作的对象。下降趋势中，反弹无量高点现。一定要牢记这句话！

5.3　无量调整

下跌之后必见反弹，上涨之后也必见调整。有的调整过后价格继续大幅飙升，有的调整过后价格却转势向下，因此，投资者需要学会分辨什么样的调整出现之后价格能够继续上涨、什么样的调整出现之后价格会转为下跌，这样才可以在必然会出现的调整到来之际抓住机会、回避风险。

能够促使价格继续上涨的调整，是不会收出大实体阴线的，往往都是小实体阴线，说明空方力量很弱，下跌动力不足。而能够逆转价格走势的调整则往往会收出大实体阴线，说明空方力量很强大，价格自然也就难以继续上涨了。

能够促使上升趋势延续的调整，在低点必然会得到支撑，不管是指标形式的支撑，还是 K 线形态上的各种支撑，只要触及重要的支撑位，支撑就可以生效并促使价格上行。而能够扭转趋势的调整，无论什么类型的支撑都无效，阻挡不了价格的回落。

最重要的是，能促使价格后期继续上涨的调整，必然是明显缩量的，并且成交量随着调整的延续会越来越小，说明根本没有资金愿意参与做空操作。下跌动力不足，得不到资金的支持，便不可能长久。因此，短暂的下跌之后，价格还会继续上涨。而能够引发转势的调整，往往阴线都会放量，在资金的推动下，调整有很大可能演变为下跌。

因此，面对调整走势，一定要先看成交量。只要成交量明显萎缩，目前的调整就很大可能是一个重要的低点。在这个重要的低点区间，投资者应当使用各种操盘技巧择机做多。

在图 5-9 中，一开盘便出现了放量上涨的走势。开盘是新一天的开始，如果主力资金想要价格开盘就上涨，就会在盘中积极建仓，所以，开盘后的那波放量就可以视为主力资金的建仓行为导致的。

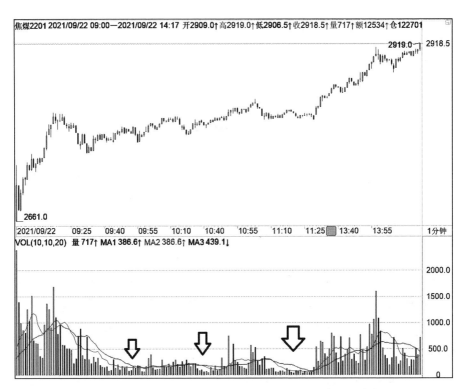

图5-9　焦煤2201合约2021年9月22日1分钟K线走势图

　　一波快速的上涨过后，价格出现了调整的走势。这是主力资金的震仓行为，目的就是把低成本的投资者清理出去，让低成本的投资者与场外的投资者"换手"，提高市场的平均持仓成本，与主力持仓成本不断拉开距离，从而在未来的操作上占据更大的主动权。

　　在价格初期调整的时候，量价配合并不好，阴线甚至还出现了放量的现象。走势不符合操作的要求，投资者绝对不能因为看见低点了就匆忙入场。我们要的是那些波动性质安全的低点，而不是放量调整形成的低点。

　　在后期多次调整的过程中可以看到，每一次调整出现时，成交量都形成了明显的缩量，与之前的阳线相比，量能降低了很多，并且阴线的量能柱体还都位于均量线下方。此时的缩量说明价格的下跌只能得到这么点儿资金的支持，小量之中不可能有大波动，在大的上升趋势没有改变的情况下，此时缩量的低点区间就是入场多单的大好时机。

　　在图5-10中，价格下跌到谷底之后便出现了一大波连续上涨的走势。

图 5-10　铁矿石 2201 合约 2021 年 9 月 29 日 1 分钟 K 线走势图

每次价格向上创出新高，成交量都密集放大，说明资金在盘中做多的积极性非常高，参与做多的资金数量也非常多。这样完美的量价配合形态是价格产生大行情的必要基础。大量对应大行情，小量对应小行情。

第一次放量上涨结束后，价格多次出现调整的走势，并且每一次调整过后价格都能继续更好地上涨。这种调整其实就是多方暂时的休息，跑累了休息一会儿，有了体力可以继续跑下去。虽然三次调整出现时价格的高低位置不相同，但这三次调整都具有完全一致的技术特征，也正是由于这些调整的技术特征完全一样，后期价格才都出现了上涨。

那么，这三次调整完全一致的技术特征是怎样的呢？除了回落幅度小、价格调整低点都得到了支撑外，最主要的就是调整区间的成交量均出现了明显的萎缩，说明资金做空的积极性低，因此调整无力扭转上升趋势。从成交量萎缩的具体情况来看，相较于上涨时阳线的量能，成交量减少了近 80%，同时，阴线成交量柱体均位于均量线下方，缩量完全达标。

量能萎缩到位，与之对应的价格便是一个重要的低点，只要在调整低点区间价格有企稳的迹象，投资者便可以积极地入场做多。

图 5-11　红枣 2201 合约 2021 年 9 月 28 日 1 分钟 K 线走势图

在图 5-11 中，价格出现了一波技术形态比较简单的短线上涨形态。这样的上涨很常见，因此，每一个环节的技术特征都要认真总结，一旦出现重复的走势，便可以轻松地把握住机会。

价格上涨的时候，阳线普遍带量，说明资金做多的积极性非常高。只要阳线一直稳定地带量，上涨行情便不会停止。在价格第一次调整的时候，回落的幅度很小，阴线的量能也非常小，说明空方力量很弱。随着调整的延续，阴线的量能反而更小，说明资金没有任何做空的意愿。阳线积极放量，阴线却没有放量，资金的态度告诉投资者，价格还会继续上涨。

第二次调整的时候，在调整初期成交量出现了放大的迹象，这个时候投资者就不宜入场操作了。此时的放量是什么性质？是多单在撤退，还是空单在入场？从当时的走势来看，这并不好判断，因此有必要再让价格走一走，等彻底看清形势了再操作。在后面调整的过程中，阴线出现了缩量，这个时候风险也就消除了。如果资金想要转势做空，又怎么可能只放了一小会儿的量就没有动静了呢？这说明资金根本不想做空，刚才的放量有可能是某些大户平仓多单造成的。只要调整区间的放量不能延续，并且阴线量能极小，价格上涨的安全性便会恢复如前。形势明朗之后，投资者也就可以放心大胆地择机介入多单了。

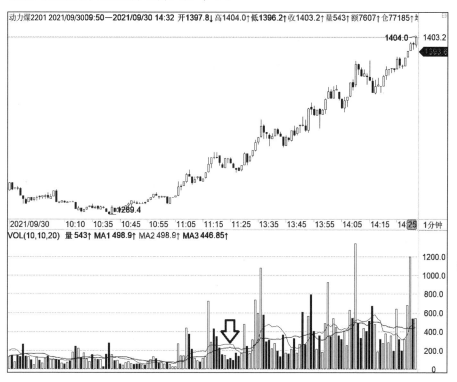

图 5 - 12　动力煤 2201 合约 2021 年 9 月 30 日 1 分钟 K 线走势图

在图 5 - 12 中，出现了一轮持续性震荡上涨的行情。上涨途中，其实震荡次数越多，对投资者来说就越好，因为每一次调整都会给投资者带来一次中途入场的机会，根本不用担心会错过行情。

在箭头的标注处可以看到，价格调整的初期，阴线带着较大的量能，并且成交量柱体还在均量线上方，说明成交量没有萎缩到位，在前几根阴线处，投资者不宜操作。而随着调整的延续，成交量大幅减少，阴线量能柱体位于均量线下方，这才意味着缩量达标。一旦成交量萎缩到位，此时价格的调整便会构成一个重要的低点，投资者完全可以在此区间积极地寻找买点。

为什么调整的初期会放量呢？价格涨高了以后，就算主力资金不出货，一些赚了钱的投资者集中出局也可能导致成交量临时放大。只不过，普通投资者资金不多，虽然可以导致放量，但很难导致持续性放量。随着调整的延续，该走的投资者都已经走了，量能自然就大幅萎缩了。

而在高位调整的时候，阴线的成交量便没有再萎缩下来，而是与阳线一起保持着放量的态势。这个时候资金的操作意图就很难判断了，因此，高位放量调整出现时，低成本的投资者可以继续持有多单，但因为资金操作意向不明，所以就不宜再入场了。

成交量的变化有时会呈现出明显的规律性，这是投资者入场的大好时机；有时则会杂乱无章，涨也放量跌也放量，这个时候最好就是多看少动。不必试图看懂每一轮行情，只要耐心地等待能看懂的行情出现，而后按计划把握住，这就足够了。

5.4　无量碰压力

布林线指标既可以反映价格的趋势方向，还可以反映重要的支撑或压力位。根据方向的指引，在价格到达重要的支撑位或压力位时，投资者便可以积极地寻找交易的机会。

在具体使用时，布林线指标中轨向上的时候，投资者只需要留意支撑位就可以，只要支撑位有效，价格的上涨便大概率可以延续。而在布林线指标中轨向下的时候，投资者则需要关注压力位，只要布林线指标中轨能压得住价格，价格便会不断向下，直至压力位再也无法压住价格为止。上升趋势看支撑，下降趋势看压力，这才是正确的支撑与压力的分析方法。上升趋势看压力、下降趋势看支撑的方法是错误的。原因很简单。若价格向上创出历史新高，那压力在哪里？若价格向下创出历史新低，那支撑又在哪里？但是，上升趋势看支撑却可以在价格创新高时使用，下降趋势看压力也可以在价格向下创出新低时使用。在正确使用的前提下，支撑和压力分析才可以为实战提供巨大的帮助。

下降趋势中，价格触及压力的方式是多种多样的。有时以迅猛反弹的形式触及压力位，这种情况下，多头反攻过于猛烈，因此不建议操作。应当操作那些以温和反弹形式靠近压力位的走势。有的反弹是以放量的形式靠近压力位，说明资金在推动价格的波动，不排除资金的操作意图就是想让价格突破压力从而逆转向上，因此也不适合操作。只有无量靠近压力的走势，才存在更好的机会。因为无量反弹触及压力说明没有资金愿意积极做多，价格缺少上涨的动力，自然也就容易在触及压力的时候产生回落。

那么，在下降趋势中使用布林线指标时，应当如何查看压力位呢？答案是只要盯紧布林线指标上轨就可以了。在布林线指标中轨向下的情况下，上轨便是空方的最后一道防线，只要这道防线的压力能够生效，价格便会继续下行，若这一道防线压不住了，价格就很可能会转势向上。

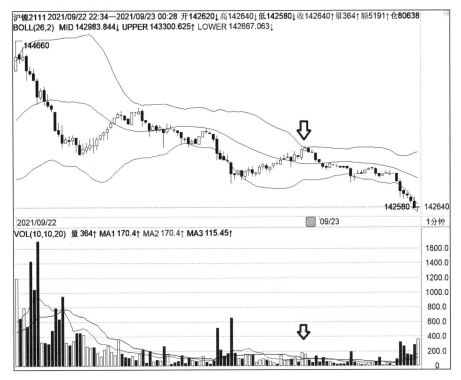

图 5-13 沪镍 2111 合约 2021 年 9 月 22—23 日 1 分钟 K 线走势图

在图 5 - 13 中，价格第一轮放量下跌之后出现了反弹的走势，从 K 线形态来看，价格恰好反弹到布林线指标上轨压力位时出现了回落。虽然上轨压力位处是一个非常不错的反弹高点，但由于价格反弹时成交量略微有放大的迹象，所以，在这个点位进行操作是有争议的，激进的投资者可能会冲进场中，稳健的投资者则会因为放量而不去操作。

再一轮下跌之后，价格继续反弹。箭头处的反弹力度更弱：一是反弹的角度相比第一次明显变得平缓，说明多方的力量有所衰竭；二是成交量相比之前反弹时萎缩得更加明显，说明价格位置更低了，资金做多的兴趣也更低了。为什么资金不在更低的点位积极做多呢？自然是价格还没有结束下跌，这些聪明的资金自然不会把自己给套住。

在布林线指标中轨整体方向向下的情况下，价格以无量的状态反弹到布林线指标上轨重要压力位时，投资者就需要密切留意做空的大好机会了。一旦上轨稳稳地按住了价格，只要收出阴线，就可以择机大胆介入。

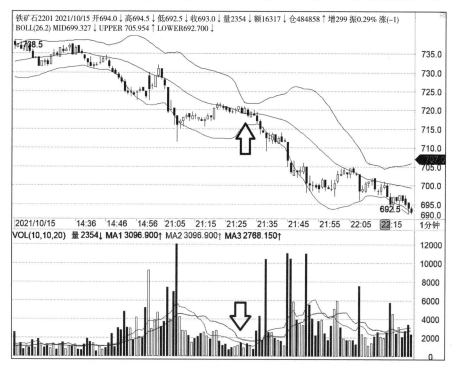

图 5 - 14　铁矿石 2201 合约 2021 年 10 月 15 日 1 分钟 K 线走势图

在图 5－14 中，夜盘开盘之后价格出现了第一波放量下跌的走势，显然这是主力资金的开盘建仓行为导致的。杀跌过后，价格出现了反弹。从整个反弹区间的走势来看，阳线实体普遍较小，整体上涨幅度也比较小，说明多方力量非常弱。阴线实体大、跌幅大，阳线实体小、涨幅小，价格后期继续下跌的概率是非常高的。

反弹的过程中，中轨的压力作用并没有完全生效，价格的反弹越过了中轨，但高点始终在上轨下方。在大的下降趋势中，中轨能够直接产生压力是最好的，压力位越低，价格便越容易下跌。如果中轨压不住价格，只要上轨这最后一道防线没有失守，价格便还可以继续下跌。因为价格反弹到上轨的时候，无论是从时间的角度，还是从空间的角度来看，都应当休息够了，所以，上轨压力一旦发生作用，价格依然有较大的下跌可能。

在价格接触到上轨压力的时候，成交量随着反弹的延续变得越来越小。价格上涨，量能却在降低，说明资金根本没有做多的兴趣。上涨没有动力，下跌趋势自然就会延续。以后只要投资者发现价格以无量的状态临近或是触及布林线指标上轨压力时，就一定要积极留意操作机会，因为此时的反弹高点很容易带来丰厚的收益。

在图 5－15 中，价格第一波下跌的时候，阴线的成交量并不是很大，对于这样的无量下跌走势，操作是可以进行的，只是投资者的收益预期一定要降低。放量下跌形成时，收益预期应当扩大，因为价格的波动有足够的动力；而无量下跌形成时收益预期要降低，抱着见好就收的态度进行操作。当然，之前也提到过，降低预期并不代表无法赚到大钱，若在下降趋势不变的持仓过程中，突然出现了放量现象，就像图 5－15 中的走势一样，还是会带来赚大钱的机会的。

第一波无量下跌结束后，价格出现了反弹。在反弹区间成交量进一步萎缩，虽然做空的资金数量不多，但做多的资金数量更少。此时价格还明确保持着下降趋势，做空完全有技术理由支持。既然现在又形成了无量反弹的走势，投资者就要密切留意反弹高点是否会受到压力。价格反弹越是无量，其高点就越容易受到技术性压力的压制。

在价格临近布林线指标上轨时，便再也涨不上去了。投资者此时要做

图 5-15　沪锌 2111 合约 2021 年 10 月 12 日 1 分钟 K 线走势图

的就是以现价直接在无量反弹且临近上轨的点位建立空单。在实际操作时，价格真正受到上轨压力并产生回落时，投资者是很难以上轨价格成功开仓的，基本上都是以高于中轨价格但又低于上轨价格的价格完成开仓，开仓点可能会遍布中轨以上、上轨以下的整个小区间。不过多数情况下，价格此时的波动幅度都不大，做空点高一些与低一些无非只有二三跳的差别，相比后期连续下跌带来的盈利，这点儿成本根本不算什么。

在图 5-16 中，价格放量下跌，直接扭转了之前的上升趋势。布林线指标中轨趋势转为向下后，投资者的思路也要由之前的做多转变为做空。价格第一轮下跌的时候出现了集中的放量，显然，此时就是主力空单资金的重要成本区。投资者只要于该价位附近入场做空，便可以让主力成为"轿夫"，为我们"抬轿"带来收益。

下跌之后，价格出现正常的反弹走势。反弹的整体形态非常完美，波动重心始终没有上移，形成了标准的横盘走势，说明场中多方的力量非常

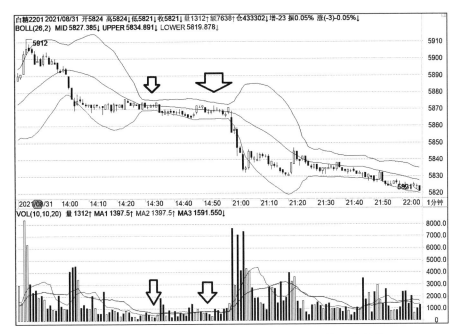

图5-16　白糖2201合约2021年8月31日1分钟K线走势图

弱。多方力量越弱，价格反弹的幅度也就越小。多弱则意味着空强，所以，仅看横盘反弹的走势便可以直接判断出价格将会继续下跌。

　　价格反弹的高点离布林线指标上轨非常近，并且临近上轨时，成交量还出现了明显的萎缩。此时的缩量简直是缩无可缩了，显然，其中绝对没有多头资金在积极操作。多头资金不入场，价格就必然会跟随布林线指标中轨的方向继续向下。在大势还会继续向下的时候，K线以无量反弹的形式靠近布林线指标上轨时，就是一次绝好的中途入场机会。无量碰压力收阴线便可以考虑入场做空。

5.5　支撑处量消退

　　在价格下降过程中，布林线指标中轨是第一道压力，如果这道压力能够压住价格，下降趋势延续的概率就非常大。中轨没压住也没关系，只要布林线指标上轨可以死死地压住价格，下降趋势也可以延续。不过，不管

179

是中轨起到压力的作用，还是上轨起到压力的作用，成交量都必须明显萎缩。有压力就会有支撑，在上升趋势中，布林线指标中轨同样也是第一道支撑，如果这道位置较高的支撑可以稳住价格，那么上升趋势也会很好地延续下去。即使中轨的支撑失守也不用慌，只要布林线下轨的支撑可以发挥作用，多头形态就不会被破坏，价格还将继续上涨。同样，当价格触及布林线指标下轨强大的支撑位时，成交量也必须萎缩。

为何价格触及支撑位时成交量必须萎缩呢？价格肯定是以下跌的方式触及支撑位的，虽然大趋势向上，但是调整的出现说明空方暂时略占优势，如果此时成交量继续放大，则说明有资金参与做空，这样一来，在资金的推动下价格能跌成什么样子就不好预期了。若成交量是萎缩的，则说明下跌没有得到资金的支持。在无量的情况下，价格最容易保持正常的技术性波动，受到压力就会回落，受到支撑就会涨起来。因此，在价格调整到布林线指标下轨这道重要的支撑位时，如果成交量明显减少，做多的机会也就到来了。

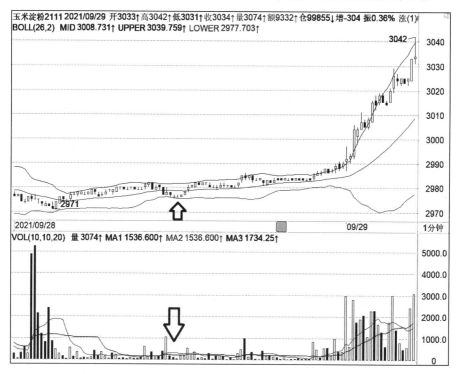

图 5-17 玉米淀粉 2111 合约 2021 年 9 月 29 日 1 分钟 K 线走势图

在图 5 - 17 中，价格下跌见底之后出现了上涨的走势。随着 K 线波动重心不断上移，布林线指标中轨也呈现出明显的上升趋势，意味着新一轮的行情将由此展开。由于这是方向明确趋多之后的第一轮上涨，因此，未来的上涨空间是较大的，投资者应当在这种上涨的初期阶段积极寻找中途介入的机会。

第一轮上涨结束后，价格出现了调整的走势。布林线指标中轨的支撑失败了，不过这也算是价格调整过程中正常的事情。中轨能撑住最好，若撑不住则可以看下轨的支撑能否生效。果然，价格回落到布林线指标下轨处时便再也跌不下去了。布林线指标下轨的强大支撑使得上升趋势得以保存。

在价格向布林线指标下轨靠近的过程中，成交量始终保持萎缩的态势，这说明并没有资金参与做空的操作。得不到资金的支持，下跌便只能是调整而不会长久。在大的上升趋势刚刚形成之时便有好的低点介入机会，这岂不是天赐良机？

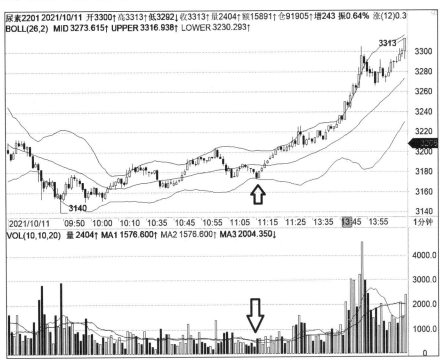

图 5 - 18　尿素 2201 合约 2021 年 10 月 11 日 1 分钟 K 线走势图

在图 5 - 18 中，价格下跌结束后，随着波动重心的不断上移，布林线指标中轨由下降趋势转变为上升趋势。上升趋势一旦确立，价格就很容易走出一波延续性震荡上涨的行情，在价格没有大幅飙升前，投资者都可以积极地寻找各种介入点入场，捕捉做多机会。

上升趋势明确之后，价格总是会出现调整的走势。在涨幅并不大的上涨初期形成的调整，往往会带来极好的逢低做多的机会。图5－18中第一次调整的时候是不宜操作的，因为价格回落时成交量有所放大，资金的操作意图不好判断。量能不符合要求便不要轻易操作，这样可以使资金始终处于安全的状态。

第二次调整区间的前半段也不适合操作，因为成交量依然有所放大。"健康"的调整必须是缩量的，因为放量说明有资金参与做空，不管是多方的平仓行为还是空方的开仓行为，都会对价格的上涨产生破坏作用。第二次调整区间的后半段，成交量出现了明显的萎缩，说明资金停止了进一步做空，价格的下跌不再得到资金的支撑，此时的调整也就变得"健康"了。缩量调整的时候，价格的低点还得到了布林线指标下轨的强大支撑，意味着做多的大好时机到来了。调整时，放量的放弃，缩量的留意，一旦调整至布林线指标下轨重要支撑位，就可以考虑开仓做多了。

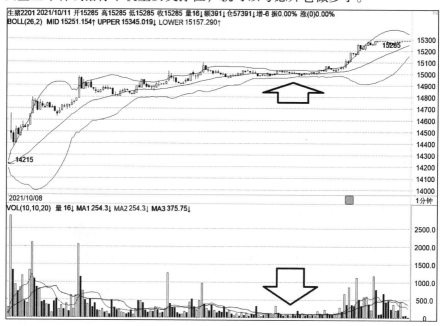

图5－19　生猪2201合约2021年10月11日1分钟K线走势图

在图 5-19 中，价格上涨到了中高位，至此，早盘期间介入的主力资金已经有了较为丰厚的收益。这种情况下，投资者操作时一定要随时关注成交量的变化，监测有没有主力资金出货的迹象。若有主力资金出货的迹象，就要及时地平掉手中的多单，随主力资金一同撤退；若没有主力资金出货迹象，也可以继续入场做多，虽然价格已有了一定幅度的上涨，但只要主力不撤，便说明价格还远没有上涨至目标位。

上涨中途价格调整的时候，由于布林线指标通道变得比较窄，中轨无法发挥支撑作用，在布林线指标通道窄口区间要看下轨的支撑。价格触及下轨以后再也跌不下去，说明下轨产生了强大的支撑作用，此时再看一下成交量便可以得出这样的结论：在该区间没有任何主力资金出货的迹象。因此，在下轨产生支撑作用的时候，可以入场进行做多的操作。

价格在布林线指标下轨得到支撑时，成交量萎缩得越小，说明资金做多的态度越一致。同时，这也说明只要主力不平仓，任谁也无法砸动价格，这也是主力资金控盘能力强的体现。跟随这样控盘手段老练的主力资金，又怎么可能不获得较大的收益呢？

在图 5-20 中，价格于下跌的中途出现了一次反弹。当反弹出现时，首先，要看反弹的幅度。从整体反弹走势来看，价格反弹的幅度很小，说明多方力量比较弱，多弱则空强，因此，价格继续下跌的可能性很大。其次，要看压力位能否生效。价格反弹到了布林线指标上轨附近时受到了强大的压力，始终无法继续上涨。压力生效，价格继续下跌的可能性自然就会变大。最后，要看反弹时成交量的变化。看一看有没有资金在反弹区间积极做多。从图 5-20 中成交量萎缩到极限的状态来看，根本没有资金入场做多。如此综合分析就可以得出价格还会继续下跌的结论。此时，无论是继续持有空单，还是新开仓做空，都是正确的。

下跌结束，价格扭转为上升趋势后，出现了一次调整。这一次的调整简直就是下跌过程中反弹的翻版！价格调整时回落的幅度很小，说明空方力量很弱，空弱则多强，因此，价格继续上涨的可能性非常大。价格在调整低点受到了布林线指标下轨的强大支撑，支撑的作用就是阻止下跌以及促使上涨，因此，价格继续上涨的概率非常大。若再看一下成交量，价格

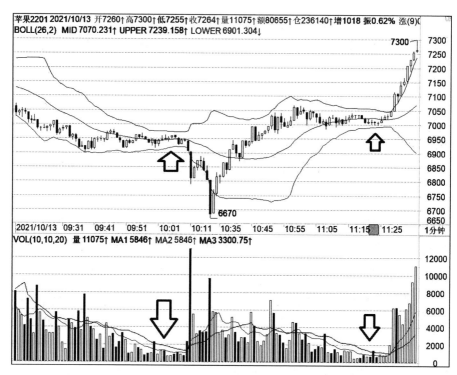

图 5-20　苹果 2201 合约 2021 年 10 月 13 日 1 分钟 K 线走势图

上涨就可以称为必然了，因为在价格调整的时候，成交量再次萎缩到了极限，此时，根本没有任何资金愿意进行做空的操作。

上升趋势确立，支撑生效，没有资金参与做空，价格又岂会不涨。从后期大幅上涨的走势来看，上涨中途好的介入点恰恰就是价格无量触及布林线指标下轨的点位。未来若再次碰到价格无量触及下轨的情况，各位读者朋友是不是就应该意识到新的做多机会到来了呢？

5.6　越反弹量越小

在有些反弹走势中，成交量一开始是放大的，这个时候投资者肯定是要抱着观望的态度，因为放量反弹说明有资金在主动地参与做多，无论是空方主动平仓还是多方资金大举杀入，都不利于价格进一步下跌。因此，放量反弹必须放弃。但有时，前半段反弹放量，后半段又变成了无量，成交量随着反弹的延续越来越小，这说明价格越是反弹，越是没有资金积极参与做多，反弹后半段的量价配合达到了完美的状态，这个时候也就意味着机会到来了！放量反弹必须放弃，而无量反弹一旦形成，就应当重点关注，此时不要受之前放量反弹的干扰而不敢放开胆子操作。

为什么前半段的反弹放量，后半段又变成了越反弹量越小的形态呢？这是因为在价格下跌以后，虽然主力资金没有平仓出货，但不排除市场中的普通投资者觉得赚得挺多了，于是逢低平仓多单。投资者平仓的数量增多，使得反弹一开始的几根阳线成交量明显变大。如果放量真是主力资金所为，成交量后期往往是不会萎缩下来的，而是放量反弹，弹着弹着就转变为了上涨，而初期的放量反弹很有可能就是凭空开多的反手单导致的。

如果主力资金没有离场，普通投资者平仓完毕后，成交量便会连续萎缩，恢复到正常的量价配合状态上来。主力不出货，成交量便不会在反弹区间密集放大，但普通投资者集中出货偶尔造成的几根阳线放量，主力是无法阻拦的。放量反弹不操作就可以回避可能的风险，一旦见到缩量反弹就要留意操作机会的到来。这样一来，既可以回避风险，也可以把握机会，一举两得。

在图 5 - 21 中，价格初期下跌的时候，阴线的成交量并不算很大。入场的资金数量有限，在下跌初期走出这种量能比较小的下跌行情也属正常。主力资金虽然实力雄厚，但很多时候也会错过行情。有可能各方面的条件并不满足入场的要求，抑或主力早已做好了充分的准备，所以，在下跌初期成交量不大也正常。只要下降趋势明确，哪怕是无量被动式的波动，下降趋势也能够延续。只要下降趋势形成，投资者就可以入场操作，只是在无量阶段不宜抱有太大的收益预期。

价格下跌之后，在箭头处出现了反弹的走势。在反弹初期的两三根阳线处，成交量的萎缩迹象并不明显，说明可能有一定的资金在进行做多操作，是空头在平仓还是多头在建仓，暂时不好判断。再加上价格仅反弹了几根小阳线，并没有出现符合要求的高点，所以，在价格位置并不是很高、量能性质判断不准的情况下，不宜入场进行操作。

185

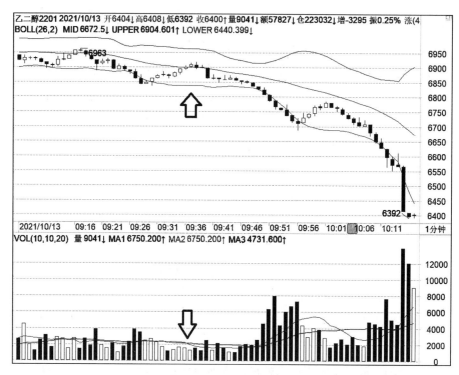

图 5 - 21　乙二醇 2201 合约 2021 年 10 月 13 日 1 分钟 K 线走势图

　　但是，随着反弹的延续，价格触及中轨压力时成交量的变化使得形势明朗了起来。价格越向上，成交量却越小，意味着资金没有任何做多的兴趣，否则，价格越涨，成交量应当越大，推动价格转势上涨才对。因此，当价格越反弹成交量越小时，机会也就到了。再加上 K 线正好触及布林线指标中轨的压力位，在此时直接出手做空都没有什么问题。

　　在图 5 - 22 中，在价格下跌的初期，阴线的成交量有所放大。刚一开始跌就有资金介入，这是特别好的走势，说明资金的做空是有备而来。上来便直接走出放量下跌的走势，很容易在后期引发一轮大行情。

　　价格下跌后出现了必然的反弹走势。在第一根反弹阳线出现的时候，成交量并没有明显的大幅萎缩，并且成交量柱体还远远高于均量线。反弹开始成交量却不萎缩，此时不适合直接进行操作，同时，价格仅仅反弹了一根阳线，无论从哪个角度来看，都是不宜操作的。面对量价不配合的情况，投资者应当继续等待。

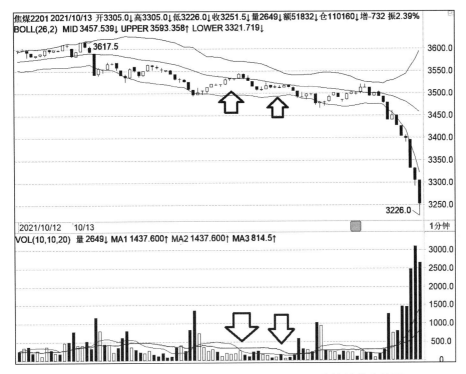

图 5-22 焦煤 2201 合约 2021 年 10 月 13 日 1 分钟 K 线走势图

187

在价格反弹至布林线指标中轨压力位时，形势变得明朗起来。整个反弹区间没有收出大实体的阳线，说明多方力量很弱。在价格越涨越高的时候，成交量反而呈现出越来越小的状态，这说明价格的上涨并没有得到资金的积极推动。聪明的主力资金此时不愿入场，直接说明当前的位置并非底部。不是底，价格便还会继续下跌。在价格反弹到中轨压力位且成交量越来越小时，下跌中途大好的做空机会就在眼前了。

在图 5-23 中，第一波上涨便出现了明显的放量。各位读者朋友一旦见到这类涨跌行情切记：这是当天会有一大波行情的信号！下跌之后第一波上涨的放量往往是主力资金建仓导致的，主力资金高举高打建仓，如果后期不拉升一波大的上涨行情又如何获利？

第一波放量上涨结束之后，价格开始调整。前 3 根阴线出现时，成交量不仅没有萎缩，还出现了放量的迹象，这样的量价形态一下子使分析陷入僵局。这是主力资金不干了在出货，还是正常的震仓呢？在判断不准量

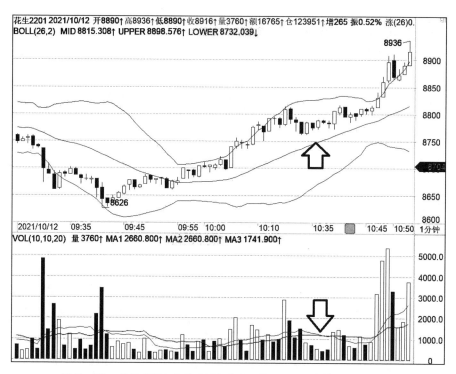

图 5-23　花生 2201 合约 2021 年 10 月 12 日 1 分钟 K 线走势图

价波动性质的时候，多看少动为上策。

　　随着调整的进一步延续，成交量逐渐变小，并萎缩到了上涨之前极度缩量的状态。缩量的出现使得局势变得非常容易判断了。该区间主力资金并没有大规模出货，因为一旦主力出货，将会置换出之前的量能总和。而这 3 根阴线量能的总量远不及之前上涨时阳线量能的总量，就算这些量能全是主力资金出货所为，也只能出掉一部分，大部分多单还留在主力手中，更何况其中还掺杂着普通投资者成交的量。调整初期的放量可以接受但不能操作，必须等到成交量持续萎缩、越调整量越小的形态出现，才可以在价格调整的低点择机入场做多。

　　在图 5-24 中，开盘后成交量便出现了放大的现象，说明主力资金一开盘便做好了做多的准备。在当天价格还没有大涨之前，刚开盘的价格自然是相对的低价，在如此好的位置建仓也属正常。但由于开盘时依然延续昨日收盘的跌势，因此，从布林线指标中轨的方向来看，早开盘是多头的

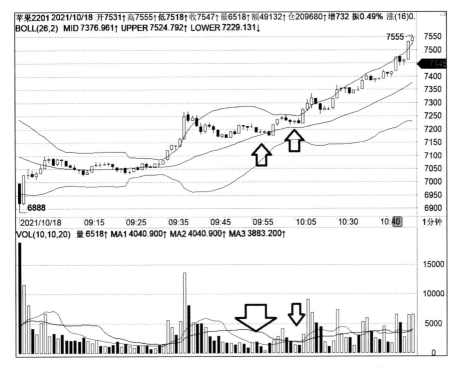

图 5-24 苹果 2201 合约 2021 年 10 月 18 日 1 分钟 K 线走势图

趋势并不明显。在中轨没有明确向上的情况下，虽然价格形成了越调整量越小的技术形态，也不适合直接入场操作。

随着更进一步地放量上涨，布林线指标中轨最终出现了明确的上升趋势，说明做多的机会将会在后期出现。投资者都在说"顺势"，那怎样做才是"顺势"呢？趋势方向先形成，再顺着它去操作，这就叫作"顺势"。布林线指标中轨没有趋势方向或趋势方向不明显时，唯一能做的就是等，此时去操作就是在赌大小、赌涨跌，这是不理性的。等到中轨给出明确的方向之后再找机会去操作，这才是正确的交易方式。

价格在高点形成巨量之后，紧接着便进行了调整。此时的量能始终没有明显萎缩，意味着在高点区间无法通过成交量的变化判断主力的操盘行为，出货或是进一步加仓都有可能。分析结论有争议时，仍然不要进行操作。随着调整的延续，成交量越来越小，显然，主力无法在如此小的成交量之中继续出货。缩量封闭了主力的出货之路，不管是主力不想出货，还是主力想出但没有条件出货，都说明价格此时的波动是安全的。

在成交量降到最小时，价格也恰恰到达了布林线指标中轨的支撑位，再也跌不下去了。面对这样的走势，不需要犹豫，直接冲进场中抢多单就可以了。主力无法出货，价格的波动又获得了支撑，后市上涨的可能性远远大于下跌的可能性。此时做多，既顺应了大势，又把握住了局部的低点，如此完美的介入机会岂能错过！

5.7 放量区间不破

在价格上涨的高点或下跌的低点常会见到成交量巨幅放大的情况。有时巨量出现后，价格出现了彻底的或暂时的方向逆转，这属于较为正常的走势，因为主力资金在上涨高点或下跌低点大肆出货之后，价格走势肯定会出现逆转。但有时高点或低点的巨幅放量之后，价格只是做小幅度震荡，便继续按照之前的方向运行，给持仓的投资者带来更大的收益。那么，该如何判断高点或低点巨幅放量之后价格走势是逆转还是延续呢？

此时可以使用这样的操作技巧进行判断：如果主力资金在价格高点收出大阳线时进行了出货的操作，那么随着平仓抛盘的大量涌现，价格势必会连续下跌，从而彻底"吃掉"放巨量的那根阳线。一旦这根阳线失守，价格方向就很容易逆转。如果上涨高点处放出巨量的那根阳线没有被跌破，那不排除这根巨量阳线是有资金在主动建仓或积极维持价格的波动的可能。在有资金维护的情况下，价格很难跌下来。资金不想让价格跌下来，肯定就是想让上涨行情延续下去，以获得更高的收益，上涨高点形成巨量的那根阳线必然会对价格后期的波动起到强大的支撑作用。放量不破，价格不落！

下跌的低点也是如此。下跌之后低点阴线收出的巨量如果是空方资金买入平仓造成的，那么，价格后期必然会向上吞没这根阴线的实体。若空头主力资金没有出货甚至还在积极维持价格的波动，那这根放出巨量的阴线实体必然不会被阳线吞没。此时，持有空单的投资者可以继续放心大胆地持有，没有入场的投资者也可以积极寻找介入点杀入场中。

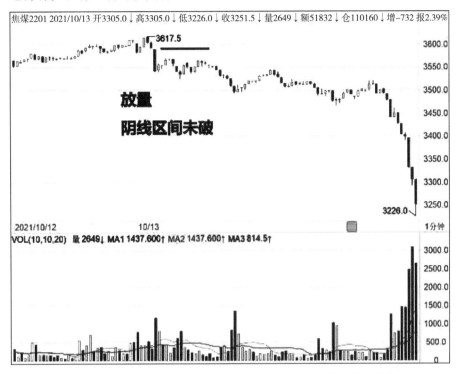

焦煤2201 2021/10/13 开3305.0↓高3305.0↓低3226.0↓收3251.5↓量2649↓额51832↓仓110160↓增−732 报2.39%

图 5−25 焦煤 2201 合约 2021 年 10 月 13 日 1 分钟 K 线走势图

在图 5−25 中，价格刚一下跌、收出第一根大实体阴线时，成交量明显放大，并且创下了这一时期的最大量。对于如此大实体、大成交量的阴线，投资者一定要仔细地进行分析。这样的走势，要么是空单的大好机会，要么是多单的大好机会。

价格能这样跌并且放大量，显然不是多头资金所为，因为多头主力建仓应当会使价格随着买盘的增多而收出阳线，所以，这一根大阴线肯定是空头资金所为。那么，空头资金此时是在建仓，还是在出货呢？由于无法得知具体答案，只能做好各种准备：如果是空方资金的建仓，那主力资金必然不会让价格再涨起来，否则，岂不是把自己套住了并且还留给了其他投资者更高价格做空的机会？主力才不会这么傻，所以，若是主力建仓，这根放量大阴线必然可以压住后期的价格。若是空方主力出货，那么，随着买入平仓操作的持续，价格必然会上涨，并且阳线必然会"吃掉"这根阴线。一旦这根放量大阴线失守，空单的机会也就没有了，投资者只需留意多单机会即可。

放量大阴线出现之后，在后期价格反弹过程中，反弹高点始终没有越过放量大阴线的实体，这是主力资金刻意压制价格的表现。放大量而后期的反弹没有"吃掉"阴线，价格后期继续下跌的可能性就非常大。因此，大阴线实体区间，都适合投资者入场做空。

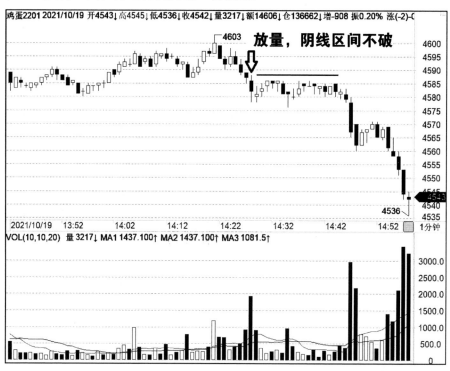

图5－26　鸡蛋2201合约2021年10月19日1分钟K线走势图

在图5－26中，价格上涨到高位之后转势下跌，在第一波下跌的低点收出了一根放大量的阴线。这一根阴线的成交量创下了当时的最大量，因此这根阴线便有了重要的分析价值。

由于价格刚开始下跌，量能的具体性质还不容易判断，因此，投资者只能作出合理假设，然后用后期更多的K线数据进行佐证。哪种假设更符合价格的实际波动，投资者就按其进行操作。

由于这仅仅是第一波下跌，因此不太可能是多单资金在建仓，只有大幅下跌之后的放量才有可能是多单在建仓，高位第一波下跌的放量大概率是空方资金所为。假设这是空方资金在建仓，那么，这根大阴线便是空单主力的重要成本区，这样一来，主力资金必然不会允许价格上涨而将自己套住，因此，只要价格后期被死死地按住，就可以择机入场做空。但假设这是空方资金在平仓出货，随着平仓买盘的增加，价格必然会向上吃掉这根阴线。因此便可以得出这样的结论：若阴线失守，则可以留意多单机会；若阴线压住了价格，则可以留意空单机会。

从后面的反弹走势来看，价格的高点被阴线死死地压住了，这是由于主力的成本起到了压制作用。在后面的反弹过程中，反弹阳线的成交量非常低迷。阴线放量、阳线无量，这是标准的空单资金入场的信号。看懂了主力资金的操作意图，后期大幅下跌带来的空单盈利机会又怎么可能会溜走呢？

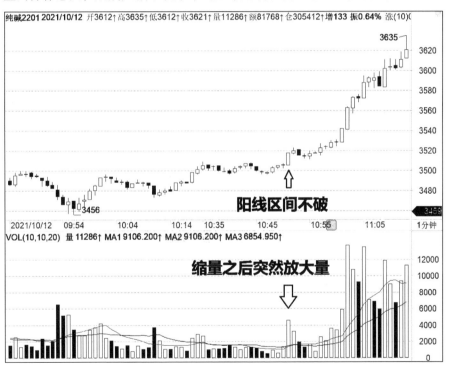

图 5-27　纯碱 2201 合约 2021 年 10 月 12 日 1 分钟 K 线走势图

在图 5-27 中，随着价格低点的不断抬高，一轮上升趋势明确成立。在价格上涨过程中，虽然 K 线形态较好，但是成交量放大并不充分，说明主力资金入场的数量较少。从量能形态来看，是可以进行操作的，只是投资者不宜在成交量放大之前抱有太大的盈利预期。

第二次调整结束之后，价格向上再度创出新高。创出新高的那根阳线形成了见底上涨以来最大的量能。此时的放量是什么性质呢？由于价格处于上升趋势中，此时的放量并非空方资金的行为，只能是多方资金操作的结果，在此情况下，便只有两种应对策略了：其一，如果这是多方资金借价格创新高卖出平仓，那么，价格后期必然会跌破这根放量阳线的实体，只要阳线实体失守，投资者就可以留意转势带来的做空机会；其二，如果这是多方资金的增仓行为，那么，价格后期必然会始终位于放量阳线实体上方，而不会跌破主力资金的持仓成本。跌则破掉阳线实体，涨则位于阳线实体上方，应对策略有了，就看价格后期如何变动。

从后面的波动来看，K线始终位于阳线实体上方，说明主力资金根本不允许价格回落将自己套住。放量而不跌破巨量阳线，价格便只有上涨这一条路可走。有好的调整低点则可在低点处逢低做多；若没有调整低点的介入机会，只要价格再次创出新高形成突破，便可以马上跟进多单。

在图 5-28 中，价格在低位横盘震荡一段时间之后，于第一个箭头处突然收出了一根大实体的阳线，同时成交量还出现了急剧放大的迹象。此时的量能是什么性质？是普通投资者临时起意，还是主力资金有计划的操盘行为？在无法对成交量准确定性时，投资者只需制定不同的应对策略，便可以从容面对后期价格的波动。

如果此时的放量是多单资金的撤退或是空方资金的杀入导致的，那价格后期肯定会转势下跌，这根放巨量的大阳线实体必然会被阴线吞没。如果这是空方资金的撤退和多方资金的介入，那此时的巨量便是多单资金的重要成本区，主力必然会护住自己的成本，不让价格跌破成本位，这根大实体的阳线则必然不会被跌破，并且还会对后期价格的波动产生巨大的支撑作用。应对的策略有了，只需看价格后期如何变动就可以了。

从第一个箭头后期的走势来看，价格无论如何调整都没有跌破巨量大阳线的实体，这就意味着之前的放量是主力资金在建仓，因此，无量调整的低点便是极好的多单介入点位。在再度收出巨量阳线的第二个箭头处，

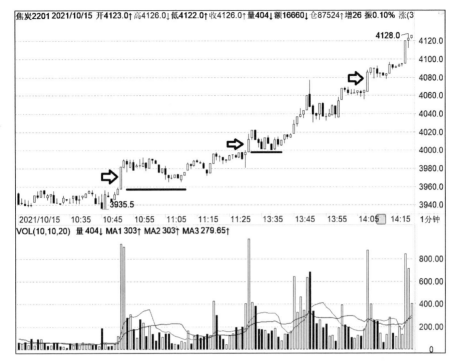

图 5 - 28 焦炭 2201 合约 2021 年 10 月 15 日 1 分钟 K 线走势图

价格后期同样没有跌破巨量阳线的实体。只要巨量阳线支撑生效，就意味着主力正在积极护盘。主力护盘便不是出货，没有出货，那当前价格的位置就不是顶，还会继续上涨。在第三个箭头处，虽然价格已经处于高位，但依然形成了放量不破的技术形态，毫无疑问，多单可以继续坚定持有。

以后再碰到放巨量，投资者就懂得了，这要么是风险，要么是机会，并且有了两种应对的手段。策略就在那里，就看市场选哪条路。成交量反映了主力资金的进出。主力的巨资不管是建仓还是出货，都必然会留下明显的痕迹，只要投资者掌握了这些分析方法，提升了分析能力，自然就可以实现持续盈利了。

若各位读者朋友对本章内容有技术上的疑问，可联系笔者团队进行交流（微信：18588880518，QQ：987858807），以使您的学习不留疑点、难点。让我们一起进步！

195

6 主力操盘手法解析

　　价格在波动过程中，既有规律的走势，也有让投资者难以在短时间内作出正确判断的不规律的走势。规律的走势技术形态特点突出、共性明显，投资者均可以准确地作出决策。这类走势是投资者操作的重点，也是投资者盈利的根本保障。只要投资者能够坚持但凡走势规律不明显就坚决不去操作，就可以真正踏上持续盈利的成功之路。

　　主力资金的操盘也是如此。有时会留下技术特征非常明显的痕迹，量价配合形态可以让投资者准确地判断出主力资金的操作意图，从而制订出最贴合价格真实波动情况的操作计划。但有些时候，量价配合形态并不完美，投资者很难看出主力的操作意图，此时最好不要去操作。主力操作意图不清，便意味着后期涨跌难辨，若投资者在此时进行交易就不是在做分析、做决策，而是在赌涨跌，这是不理性的。

　　没有人可以看懂所有的走势，但这并不影响我们获利，只要耐心等待价格走出一眼就可以作出判断的技术形态就可以。机会尽在手里，而且只要不做看不懂的形态，风险就不会给资金带来实质性的伤害。

　　不必强求什么样的走势都要看懂，任何投资者都做不到这一点。看得懂就做，看不懂就等，获利其实没那么复杂。难的是有耐心、不逞能、不浪费时间企图搞明白所有走势。

6.1 建仓出货，一清二楚

菜粕属于波动较为稳定、操作难度较低的品种之一。在价格波动不大的时候，很少出现明显的规律性走势；而一旦价格波动进入活跃期，就经常会出现量价配合非常完美的技术形态。偏好稳健操作的投资者可以将它和豆粕列为农产品板块中的重点关注对象。

在农产品板块中，菜粕与豆粕较其他品种更容易跑到涨跌幅前列。越容易跑到涨跌幅前列的品种，越容易给投资者带来较大盈利的空间与机会。并且，菜粕手续费非常低，在我方合作的期货公司开户手续费为开仓1.5元、平仓1.5元。

图6-1 菜粕2209合约2022年4月15日1分钟K线走势图

199

在图6-1中，价格在上午出现了明显的规律性波动，下午上涨结束、主力资金撤离之后，价格便陷入了无规律的波动状态。在有明显规律波动时，成交量的放大与萎缩都配合得非常完美；而下午无规律波动期间，价格基本维持窄幅震荡的走势，操作难度大，无论做多还是做空都不会有什么盈利的机会。

这一天主力资金对菜粕进行运作的几个重要环节，在走势中都有所体现，并且通过量价配合形态就可以准确判断出主力资金的操作意图。知道了主力想干什么，投资者随之进行操作，自然就容易获得稳定的高收益。下面将对这一天的走势一一进行解析。

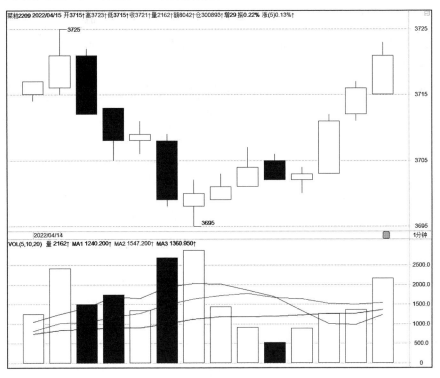

图6-2　菜粕2209合约2022年4月15日1分钟K线走势图

从图6-2中的走势来看，日盘开盘后，价格的波动并没有马上给投资者带来交易的机会，需要在场外观望。

开盘后价格略做上冲便出现了放量下跌的走势。投资者面对开盘的放量下跌首先考虑的是：主力开始入场建仓空单了。这种结论在开盘下跌时完全正确，但必须经过反弹的验证，不是说见到放量下跌就认定主力在建仓空单。

下跌之后，价格反弹。前5根K线还不错，反弹幅度很小，反弹时成交量连续萎缩。如果是主力资金在做空，应当是越反弹量越小，但后3根K线一下子推翻了主力建仓空单的结论。价格形成了放量反弹的走势，并且反弹到了起跌点。如果开盘时的放量下跌是主力资金在建仓空单，那现在岂不是把自己套住了，并且还给投资者留下了更好的做空机会？这显然不符合常理。因此，开盘时的放量下跌并不是主力在建仓。当然，也不排除在低点第一根放量反弹的阳线，主力空单就全部离场并且反手做多了的可能。

价格放量反弹回到起跌点，是不是可以说这是主力资金在建立多头仓位呢？可以这样假设，但必须通过一次调整来证明。主力建仓空单需要有放量下跌与后期的缩量反弹来验证，主力建仓多单也必须有放量上涨与之后的缩量调整来验证。没有验证，就只能作出假设而不能入场操作。

图6-3　菜粕2209合约2022年4月15日1分钟K线走势图

在图 6-3 中，价格重回开盘价后，形成了非常明显的规律性技术形态：阳线都伴随着不同程度的放量，并且成交量都放大得非常充分，而阴线的成交量始终保持萎缩的状态。谁能说这不是主力资金正在积极地建仓多单呢？

投资者可能会问：期货是一手多单必定对应一手空单，主力资金开了多少手多单，市场上就有多少手空单的建仓，那为什么说此时是主力资金在建仓多单，而不是市场在建仓空单呢？这是因为价格的波动有一个主动与被动的关系。就像拔河比赛一样，双方各 10 人，多头在使劲地拉，而对方却消极应对，虽然人数一样多，但谁主动发力，谁必然会赢。虽然一手多单对应一手空单，但主力资金的操作有计划，而对应的空单却犹如散沙，那肯定多头会取得胜利，所以就可以忽略普通投资者的空单，只强调主力的多单。

主力的建仓不可能只凭几根 K 线就可以完成，所以，一轮连续的放量上涨基本都是主力资金建仓操作的延续。放量上涨之后，要进一步观察高位的量能和调整时的量能，看一看主力资金是不是有出货的迹象。从高位的量能来看，并没有出现明显的巨量，说明资金只进没出。而调整区间成交量连续萎缩，也说明资金没有大规模撤退。同时，价格调整的低点还得到了布林线指标下轨的强大支撑，主力资金控制价格波动的意图很明显。

放量上涨之后，高位没有出货，调整区间又持续缩量，意味着在放量区间介入的多头资金全部沉淀在了场中。再加上价格回落幅度很小，并且调整低点都得到了指标的强大支撑，因此，价格进一步上涨的可能性很大，主力只进不出的区间相对来说都是安全的。

在图 6-4 中，价格上涨到局部高点时出现了明显的放量现象，并且放量过后便出现了回落的走势。这是主力资金在出货吗？

主力资金的出货跟建仓一样，是一个连续的过程，特别是建仓时成交量放大的时间与顶部区间放量的时间要基本相等，否则低位巨大的建仓量无法在高位顺利变现。之前在建仓区间，成交量保持了较长时间的放大，现在只凭一根放量阳线，主力资金根本无法顺利完成出货，等比例计算的话，连 1/10 仓都没有，又怎么能说这是主力资金在出货呢？

图 6-4 菜粕 2209 合约 2022 年 4 月 15 日 1 分钟 K 线走势图

除了要计算主力资金的出货量，还要看一下当前价格与主力资金持仓成本的差值，也就是估算一下主力资金当前有多大的盈利空间，值不值得变现收益。取之前放量上涨行情的中线进行估算，主力建仓成本大约在 3730 元，而高点区间平均值在 3760 元，连 10% 的盈利都不到。如果这点盈利是主力资金在十几分钟内创造出来的，那还算过关，但折腾了近一个半小时，正常情况下主力资金是看不上这点收益的，再怎么说也得搞出来跟股票涨停板一样 10% 的盈利才可以吧。

在图 6-5 中，价格自 3760 元的高点处继续上行，最终达到了 3794 元的最高点。此时距离估算的主力资金 3730 元的平均持仓成本已有了较大的差值，按高位箱体平均震荡区间 3775 元计算，主力资金一手盈利约 45 元，投入资金盈利已超过 10%。在一天内获得这样的收益率，无论对于大资金还是小资金来说都非常高了。因此，主力资金便开始了积极的出货操作。

高位区间出货最明显的技术特征不仅体现在阳线上。放量大阳线一般

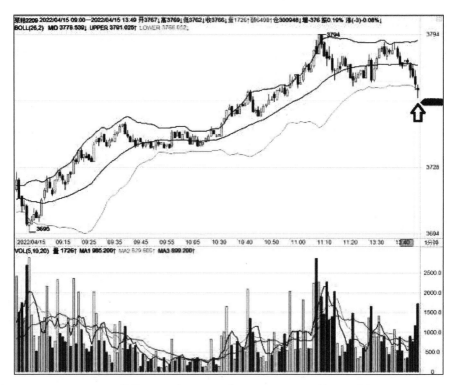

图6-5　菜粕2209合约2022年4月15日1分钟K线走势图

只会出现一根，而后还是要在阴线上才能出更多的货，因为随着卖出平仓盘的不断出现，价格必然会下跌。之前上涨中途的阴线基本都是缩量的，而价格到了高位之后，再次调整到布林线指标中轨以及下轨的位置时，成交量急剧放大。在这样密集放大的成交量中，主力资金之前在低位形成的放量完全可以在高位进行置换，完成持仓的转移。主力建仓的时间越长，发动行情的时间越长，价格在高位震荡的时间也会越长。从高位震荡的量价形态来看，阴线持续缩量的现象不见了。在价格顶部，主力资金想要的就是不断地抛出手中的多单。有条件要抛，没有条件创造条件也要抛。因此，量能的放大与萎缩必然会陷入混乱的状态。

最后，随着K线明确向下跌破了布林线指标下轨的支撑，多头形态彻底宣告结束。就算不去分析主力资金的行为，在价格向下跌破布林线指标下轨时，手中的多单也必须按照技术分析的要求平仓出局。

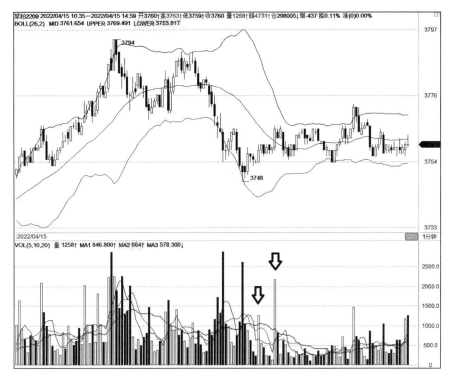

图 6-6 菜粕 2209 合约 2022 年 4 月 15 日 1 分钟 K 线走势图

在图 6-6 中，价格放量跌破布林线指标下轨时，可不可以将此时的放量视为空方在建仓呢？这个思路没有问题。因为放量下跌的量能本来就可能是多方平仓或空方建仓导致的，虽然无法完全准确地判断出量能的具体性质，但无论如何都对上涨不利而对下跌有利，所以，可以先定性为空方资金在建仓，然后寻找更多的证据来证明即可。

放量下跌之后，主力资金肯定会进行洗盘操作。如果放量确实是主力资金的建仓，那么，反弹形成时，成交量应当是何种状态呢？答案是应当如之前的调整一样，形成缩量反弹的走势，以证明做空的资金留在了场中。但是，价格随后的反弹却伴随着放量的现象。这是空方资金在出货，还是多方资金在建仓呢？明显都证据不足。此时的成交量出现了混乱的状态，资金的操作意图非常不清晰，这也是价格后期长时间窄幅震荡的主要原因。

这一天最精彩的行情就是早开盘之后，主力资金持续建仓、缩量洗盘、再度拉高，之后高位出货。量价配合形态将主力资金的操作意图清晰无比地透露给了投资者。量价分析的作用正在于此。只要懂得了通过量价分析识别主力的意图，交易的机会又岂会错过？

6.2　保持耐心，终现痕迹

纸浆的价格波动也较为稳定，技术形态较为规则，只要形成某种技术形态，操作的难度都不大。不过，该品种属于二三线的品种，虽然盘中的波动并不黏滞，但也很少跑到涨跌幅前几名，因此，相比一线品种，在技术形态相同的情况下，纸浆给投资者带来的盈利幅度并不是市场中最大的。

纸浆的期货交易手续费非常便宜，在我方合作的期货公司开户手续费仅为成交金额的万分之 0.5，以 7000 元/吨的价格为基准计算，手续费为 3.5 元（1 手 10 吨），价格波动一跳便可实现盈利。

图 6-7　纸浆 2209 合约 2022 年 4 月 15 日 1 分钟 K 线走势图

在图 6-7 中，在 11：00 之前，价格一直来回反转，趋势方向没有很好的延续性，并且成交量也始终没有形成规律性的变化，操作难度很大，入场的投资者小亏都称得上是高手了。

11：00 之后，明确的趋势方向形成，价格很好地延续了下跌的走势，投资者终于等来了获利的大好机会。在价格下跌过程中，成交量也出现了连续放大的迹象。资金积极入场推动着价格不断向下，由此可见完美的量价配合形态对价格的促进作用有多大。投资者进行日内操作，坚持量价配合不分家，是提高操作精准度的重要保障。下面将对盘中重要的量价形态一一进行解析。

图 6-8　纸浆 2209 合约 2022 年 4 月 15 日 1 分钟 K 线走势图

在图 6-8 中，成交量在开盘之后便陷入了长时间的萎缩状态，说明开盘时并没有主力资金大规模入场。主力资金不来，价格便只能保持窄幅震荡的走势。

开盘之后价格上冲回落，而后又连收阳线，无论是下跌还是上涨都没有延续性，再加上量能一直没有放大，根本无法在此时准确地识别主力资金的操作意图。早开盘时期的走势属于标准的量价配合无明显规律的走势，面对这种不容易看懂的行情，多看少动才是上策。

纸浆这一天早盘期间的走势有一个非常明显的特点：价格基本上都在开盘后第一根阳线的实体范围内波动，形成了大箱体的形态。价格摆脱不了首根K线的引力，便很难走出好的行情。

图6-9　纸浆2209合约2022年4月15日1分钟K线走势图

在图6-9中，9：40左右，价格终于出现了一波放量下跌的走势。这是开盘缩量之后的第一次放量，因此可被视为主力资金建仓的开始。配合价格此时的下跌走势，可以初步判定此时放量的性质为资金入场做空。

可以大胆假设，但必须小心求证。监控主力资金的动向绝不能只看放量下跌，还必须看一下反弹的状况。下跌之后，反弹连续缩量，说明入场的空头资金没有离场。仅就量能而言这样解读是正确的，但仔细观察价格的走势便可知，这些分析结论就要全部推翻了。反弹的时候，价格直接回到了起跌点，并且随着波动重心的不断上移，布林线指标中轨还呈现出上升的趋势。主力怎么可能主动把自己套住呢？因此，之前的放量下跌不能视为空方资金在建仓。

空方资金建仓的结论既然被推翻了，那么，能不能把价格的连续向上理解为多方资金在操作呢？也不能这样去想。因为在价格上涨的过程中，成交量始终保持萎缩的状态，如果真有多方资金入场，为何成交量还这么小呢？因此，正确的答案就是，直到 10:30 仍然没有主力资金现身的迹象。

图 6 – 10　纸浆 2209 合约 2022 年 4 月 15 日 1 分钟 K 线走势图

在图 6 – 10 中，价格无量震荡上涨到达早开盘的高点之后，成交量突然出现了集中放大的迹象，阳线也放量、阴线也放量。同时，价格虽然在此时呈现波动重心下移的迹象，但仍然处于大的箱体之中，明确的趋势方向并没有形成。

由于此时价格的波动方向并不明确，放量到底是什么性质也就很难判断了。主力资金的动向必须依靠明确的趋势方向才可以得出结论，对原地踏步式的波动形态进行量价分析是没有意义的。就算此时有主力资金介入，但主力费了半天劲儿价格也动不起来，只能说明这是一个弱庄、笨庄，这样的主力不值得跟随。

必须跟随那些实力雄厚的主力进行操作，他们有能力让价格产生大幅度的波动，有能力让价格形成非常明确的方向。凡不符合此要求的，便要继续执行多看少动的操作策略。

图 6 – 11　纸浆 2209 合约 2022 年 4 月 15 日 1 分钟 K 线走势图

在图 6 – 11 中，价格终于形成了角度较大的下行趋势。价格下跌时角度较小，是下跌力度较弱的表现。布林线指标中轨下跌时角度越平缓，越难给投资者带来较大的盈利机会。在价格下跌时，布林线指标中轨的下行角度相比之前明显变大，这就是下跌力度较大的表现，这样的波动形态更容易给投资者带来大幅度的盈利。

由于价格已经出现了明确的下降趋势，因此，下跌之前高点处放量的位置便可以视为空方主力的持仓成本区。主力的持仓成本找到了，那下跌低点的放量是主力资金的出货吗？可以这样假设，但必须计算一下主力资金的获利幅度，看一看主力赚了多少钱，有没有出货的必要和空间。高点处的平均持仓成本按 7170 元计算，下跌低点按 7130 元计算，仅仅 40 元的波动对于普通投资者来说是不错的收益，但对于主力资金而言，这点波动不足以满足其胃口。

下跌之后价格反弹，虽然有一根放量的反弹大阳线，但是，阳线的放量也仅仅是相对的，在这样的量能之中空方资金无法大规模出局，多方资金也同样无法大规模建仓。并且反弹区间仅有这一根放量，其他量能柱体都处于绝对萎缩的状态，反弹无量锁住了空方资金，使他们无法顺利出局。空方主力资金没有办法大规模出局的点位，又怎么可能是底部呢？此时在技术上要做的就是盯紧布林线上轨的压力位，只要上轨的压力没有失守，价格在后期便能继续下跌。

图 6 - 12　纸浆 2209 合约 2022 年 4 月 15 日 1 分钟 K 线走势图

在图 6 - 12 中，价格仅仅反弹到了中轨便出现了回落。放量下跌之后，布林线指标中轨的压力作用又非常明显，这样的走势决定了价格必然下跌。

在价格第二轮下跌时，成交量进一步放大，说明资金做空非常积极。只要阴线始终放量，价格便有持续下跌的动力。在阴线不断放量的过程中，投资者一定要大胆持有手中的空单，千万不要在放量大阴线出现的时候过早地平仓，这样只会白白错过大好的获利机会。

第二轮下跌之后价格再反弹时，量价配合形态变得有些异常，前几根反弹的阳线都伴随着放量的现象。这是多方资金在抄底，还是空方资金在出货呢？面对放量反弹的走势，很难找到这个问题的答案。量价配合形态既然异常，就必须进行减仓操作。量价配合完美时就坚定持仓；量价配合异常时要么减仓，要么清仓，如果后期价格继续下跌，就可以重新入场了。这样做既可以回避风险，也不会错过机会。

随着反弹的延续，成交量终于萎缩了，并且价格的波动重心始终没有上移的迹象。在反弹的后半段，成交量形成缩量且波动重心触及布林线指标上轨压力位时，投资者便可以再度入场做空。

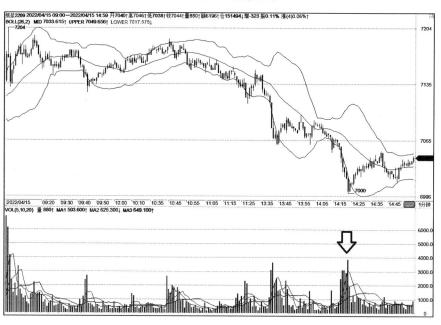

图6-13　纸浆2209合约2022年4月15日1分钟K线走势图

在图6-13中，第二轮下跌结束后的反弹再次受到了布林线指标上轨的压力，从而又引发了一轮大幅下跌行情。第二次反弹形成了前半段放量反弹、后半段无量反弹的走势，无量反弹的出现意味着主力资金没有连续出货，而前半段的放量反弹有可能是主力资金在减仓，也有可能是其他大户在出局，但可以排除是主力在持续性出货，否则价格早就顶破布林线指标上轨转为上涨了。

在第三轮下跌过程中，成交量进一步连续放大。不管后市如何，至少在放量下跌时，一定要坚定持仓。阴线量能不萎缩，阳线量能不放大，都是可以继续持仓的信号。完美的量价配合在延续的过程中，任何平仓操作都不太合适。

当然，在持仓时也要考虑一个问题：主力的最高持仓成本为 7170 元，第二次放量区间成本为 7135 元，平均持仓成本为 7150 元，而低点处价格为 7040 元，主力盘中已实现了 110 元的收益，投入资金的获利幅度已超过 10%。一天的时间里便可以获得这样高的收益，无论是主力还是普通投资者，都会心动。因此，在第三轮放量下跌时要冷静地想一下，是谁在价格这么低的位置仍然继续积极地入场呢？

肯定不会是主力，因为主力早就在高位顺利完成了建仓。如果不是主力，那只能是主力资金的对手盘——普通投资者。普通投资者在低位看到价格又一次下跌，于是纷纷追跌杀入场中。第一轮下跌时的成交量并不大，说明普通投资者都在观望；第二轮下跌时有所放量，说明一些普通投资者动摇了，加入了做空的行列；而第三轮下跌成交量进一步增大，说明观望的投资者再也受不了价格又一次快速下跌的诱惑，纷纷跑步追空进场，而主力资金却借势顺利将高位的空单全部甩到了普通投资者手中。

如果第一轮下跌就放大量，那便是主力资金上来就进行了大力度的建仓。如果这种放大量的现象发生在价格下跌好几轮之后，那便是主力资金在大力度出货。同样是放量下跌，价格所处的位置不同，对资金进出性质的解读也必然不同。

6.3 连续建仓，催生行情

玻璃在黑色系板块中属于二线品种，涨跌幅很少跑到前五名之列，但由于价格低、每手需要的保证金少，因此比较适合资金量小的投资者进行交易。它的波动较为稳定，快速或异常的波动较为少见，在趋势明确的时候，技术形态都中规中矩，只在成交量稀少的时候价格波动略显黏滞，操作难度较大。

玻璃的期货交易手续费较适中，在我方合作的期货公司开户，手续费为开仓 6 元、平仓 6 元，价格波动一跳便可实现盈利。

在图 6 - 14 中，价格出现了一轮趋势明显的下跌行情。当天除了这一

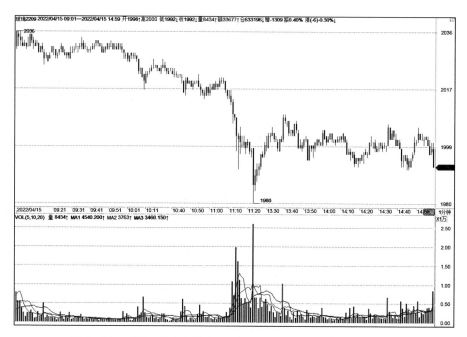

图6-14　玻璃2209合约2022年4月15日1分钟K线走势图

个多小时的走势具有很明显的规律性外，其他时间的价格波动都没有给投资者带来好的操作机会。

许多投资者一天会进行多次交易，这其实是大错特错的。就算是在期限最短的1分钟K线图中，交易机会也就那么几次；如果一天进行十几次甚至几十次的操作，必定是没有技术依据的胡乱操作，因为按照标准的技术分析方法，市场根本不会提供这么多交易机会。管控不了自己的行为，操作就是盲目的，在这种情况下想要盈利是不可能的。

做好交易的第一步，就是必须保持足够的耐心，静待标准的量价配合形态出现，而后在恰当的介入点入场。静待猎物出现、瞄准猎物、在合适的时机猎杀。想要成功捕捉猎物，三者缺一不可。

在图6-15中，开盘之后成交量始终保持低迷，没有形成持续放大的态势，因此价格也呈现出毫无规律的波动走势。玻璃期货在成交量平淡时，很容易出现这样黏滞的走势，在这个区间无论是做多还是做空都很难实现大的收益。对于波动稳定的品种，在没有形成明确趋势之前，一定要回避无量波动。

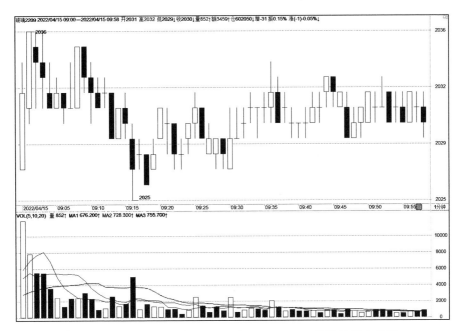

图 6−15　玻璃 2209 合约 2022 年 4 月 15 日 1 分钟 K 线走势图

　　早开盘时虽然有几根 K 线是放量的，但无论什么品种，早开盘期间都或多或少会有一些放量。毕竟这是一天的开始。如果价格要上涨，早开盘的价格基本上就是当天的低价；如果价格要下跌，早开盘的价格就有可能是当天的高价。所以，这种情况下必然会有资金介入。但只要后期出现持续的缩量，就表明介入的资金并非主力，价格后期也不会受这些资金的进出影响而产生大的波动。

　　成交量萎缩、趋势方向不明确，仅这两条理由就足以让投资者在早开盘期间多看少动。

　　在图 6−16 中，经过一段时间的无量无序波动，价格终于形成了明确向下的趋势。布林线指标中轨一旦给出了明确的方向，投资者就应当对成交量的变化仔细研判。

　　在布林线指标中轨明确向下时，随着第一波下跌，成交量明显放大。这是早开盘之后形成的第一次放量，毫无疑问，这就是主力资金入场的信号。由此便可以推断，主力资金日内第一批建仓成本约在 2025 元一带，建仓方向为空单。

215

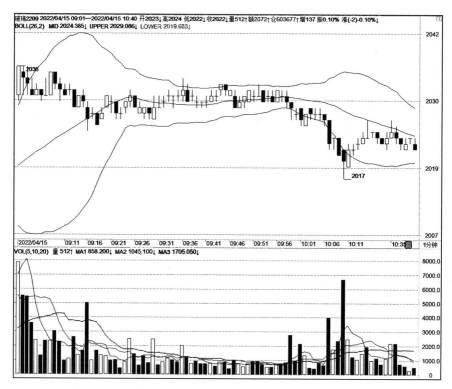

图6-16　玻璃2209合约2022年4月15日1分钟K线走势图

　　虽然开盘之后的第一次放量下跌可以视作主力资金入场的信号，但必须经过一次反弹才可以确认该结论。绝对不能只凭一波放量下跌就认定主力资金来了，这样分析是缺少证据的。放量下跌之后，价格反弹时阳线很小，并且反弹高点受到了布林线指标中轨的压力，阳线放量不明显且整体有萎缩迹象。由反弹力度较弱、整体阳线缩量综合判断，之前入场做空的资金并未离场。通过对反弹的量价进行分析便可以明确主力的确入场做空了。

　　在图6-17中，布林线指标中轨明确向下，价格在第一次反弹之后再次下跌。在下跌的低点区间，成交量出现了明显的放大，这是之前的主力资金在出货，还是主力资金又加仓了呢？

　　主力资金有没有出货，一定要结合其持仓成本以及盈利状态进行判断。在没有获得足够大的盈利前，主力一般不会轻易出货。费了好大的劲

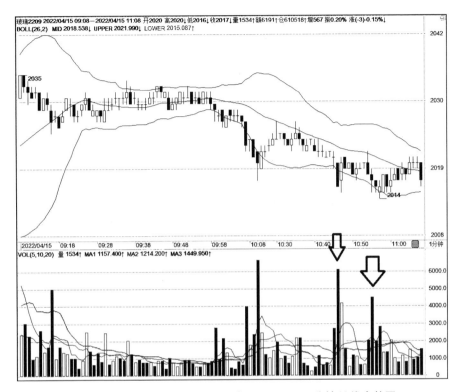

图6-17 玻璃2209合约2022年4月15日1分钟K线走势图

儿建仓、洗盘、推动价格大幅波动，只为赚个蝇头小利？这显然不符合逻辑。主力既然能够影响价格的波动，自然要追求可观的收益。

根据第一轮放量下跌的幅度测算，主力持仓成本在2025元左右，而现在放量区间的平均价格为2019元。这么点盈利空间，别说主力看不上，就连普通投资者也不会只赚了6个点就止盈平仓。因此，第二轮下跌之后的放量并不是主力资金在出货。既然不是出货，那就是建仓。2025元主力在建仓，2019元主力还在建仓，因此，投资者在该价位区间随主力介入空单是完全正确的。

在图6-18中主力第二次建仓的区间，反弹高点受到布林线指标上轨的压力，终于出现了一波大幅下跌的行情。在主力建仓之后价格出现大幅度的波动属于正常现象，主力入场就是为了获利，不产生大幅度的波动反而奇怪。

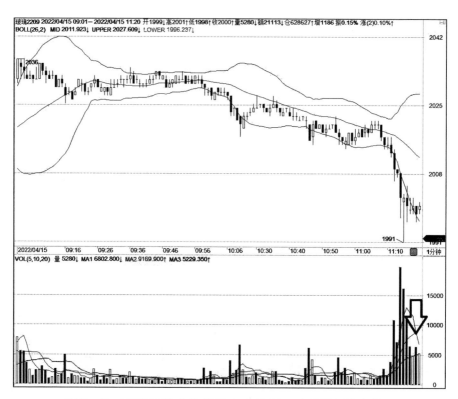

图6-18　玻璃2209合约2022年4月15日1分钟K线走势图

　　由于主力资金已在高位提前进行了建仓操作，此时的下跌有可能是主力资金的再次参与，也必然会有很多被价格快速下跌吸引来的场外资金。面对大幅下跌的行情，有谁会不动心？这些资金混在一起，便促成了放巨量下跌的走势。

　　由于价格下跌过快并且在低点形成了更大的量能，主力很有可能会趁乱出货，因此一定要密切留意量价配合形态的异常信号。下跌之后，价格出现了反弹，但反弹时的阳线实体非常小，并且阳线的成交量相比阴线有了明显的萎缩迹象，主力资金出货的迹象并不明显。主力资金出货证据不足，投资者也就可以在价格缩量小幅度反弹的时候继续持仓。

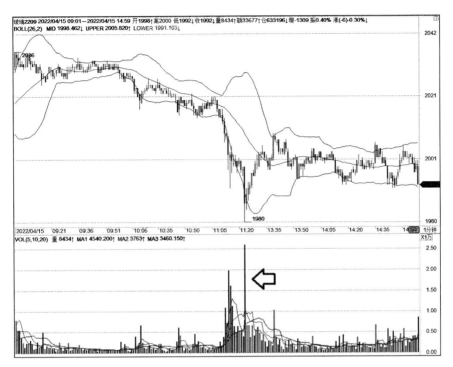

图 6-19　玻璃 2209 合约 2022 年 4 月 15 日 1 分钟 K 线走势图

在图 6-19 中，当价格收出最后一根大阴线时，成交量急剧放大，并创下了下跌以来的最大量。这个时候投资者就要思考一个问题了：价格跌了这么多，这些巨量资金都是谁在操作？

这可能是主力资金的再次建仓吗？显然是不合常理的。从之前的走势来看，主力都是在下跌的初期阶段进行空单建仓操作。明明有高位建仓空单的机会，能够影响价格波动的主力就绝不会在低位建仓。不是主力建仓，那会不会是主力出货呢？这就很有可能了。因为主力空单的第一建仓成本是 2025 元，第二建仓成本是 2019 元，现在价格到达了 1990 元的位置，主力投入的资金已经轻松获得了超过 10% 的盈利，在低点的巨量之中出货也就很符合常理了。

巨量大阴线形成时，投资者没必要出局，万一主力并没有在此时出货，价格继续放量下跌怎么办？在大阴线形成的时候出货不合适。低位巨量大阴线出现之后，成交量马上萎缩，形成了高低个儿量能，这才是风险到来的重要信号。它说明主力的资金子弹一下子便打光了，主力借助巨量顺利出货之后，自然没必要再去精心地维持价格波动。巨量之后的快速缩量就是主力资金顺利出货的表现。

高低个儿量能形成之后，价格很容易反向波动。巨量大阴线出现后，一连串的小阳线将这根大阴线的实体全部吞没，完全符合高低个儿量能的技术要求。即便在高低个儿量能形成时没有出局，那最晚是不是也得在阴线被最后一根阳线吞没的时候坚决离场呢？

玻璃的主力经过了两轮建仓，而后推动价格大幅下跌，并且在低位以巨量的形式顺利脱身。主力的操盘手法老到，留下的技术特征非常鲜明。只要读懂了量价配合的种种形态，识破主力的操盘意图并非难事。

6.4 开盘疯狂建仓，尾盘凶猛出货

在农产品板块中，生猪的保证金较高且手续费较贵，从资金利用率上来讲，并不适合日常交易，这是它的缺点。但是，生猪的价格无论是长周期K线的趋势性波动，还是日内的波动，幅度都比较大，这又是它的优点，因此也有不少投资者喜欢对它进行操作。

在我方合作的期货公司开户，生猪手续费为开仓成交金额的万分之2、平仓成交金额的万分之2，日内交易加倍收取。以15000元/吨的价格为基准计算，开仓手续费约为48元（1手16吨），平仓手续费约为48元；日内交易开仓手续费为96元，平仓手续费为96元。

在图6-20中，价格出现了一轮持续时间很长的上涨行情。一天中较大的涨幅大多出现在早盘以及尾盘期间，盘中的价格波动虽然低点不断抬高，但技术形态较为复杂，十分考验投资者的持仓技术，中间至少得有一次先出局再重新入场做多的操作。

持续时间越长的行情，价格的波动便会越复杂，一旦出现幅度略深一些的大调整，必然会打掉许多投资者的止盈位。因此，对于这种持续时间较长的行情，多次进出也是很正常的。

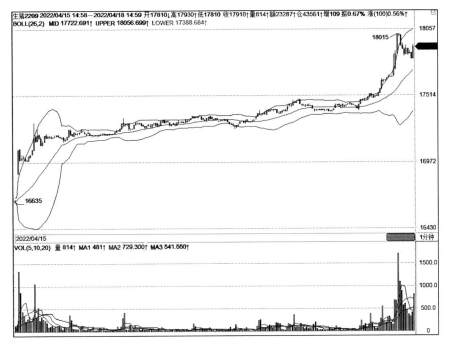

图 6-20 生猪 2209 合约 2022 年 4 月 15—18 日 1 分钟 K 线走势图

投资者也可以把止盈位设得大一些，但这样做的话，一旦价格真正回落，利润回吐就会很大。如果止盈设置得小一些，那么在价格震荡上涨的过程中必然会多次进出。两者无法两全，只能选择一种方式。就笔者的操作喜好来说，在有一定盈利幅度的时候，保全收益更重要，可以把止盈设置得小一些，出局以后可以再重新找机会入场，并不会损失什么。但一旦止盈位设置得过大，原本的大赚变成中小赚就可惜了。

在图 6-21 中，开盘后价格便出现了调整。不过，调整的低点始终位于首根 K 线的上方，并且相比前一日收盘前的量能，成交量有了数倍的放大，说明在早开盘阶段，资金入场的积极性还是非常高的。

调整之后价格收出了一根放量的大阳线，并且带有长长的上影线。这样的量价配合形态是不是源于主力资金炒短盘时逢高进行了出货的操作呢？还是老方法——可以这样假设，但必须用后期走势加以验证。

带有较长上影线的放量大阳线出现后，价格一直在高位飘着，波动重心始终不降低，并且价格的低点还一直保持抬高的状态，这说明多头力量

图6-21　生猪2209合约2022年4月15—18日1分钟K线走势图

非常强大。由此反推，带有长上影线的放量大阳线并不是主力资金出货导致的，否则价格早就跌下来了。不是主力资金出货，那就是主力资金建仓，扫货入场后维持价格不跌，不让自己的仓位受到损失，不让投资者有在更低点位介入的机会，这属于主力资金正常的操盘手法。

取价格波动的中线进行计算，可以大致推算出主力资金早开盘的建仓成本约为17100元。

如图6-22所示，上涨中途出现了两次放量的现象。对于价格相对高点的放量，该如何解读呢？一是看位置，测算主力盈利状况；二是看整体量能大小，推算主力资金大致的出货量。

在第一个箭头处，放量之后成交量快速萎缩，形成了高低个儿量能，随后价格便出现了调整。虽然调整了好长时间，但价格依然跌不下来。从后面的走势来看，这并不是主力资金的出货行为。因为若是主力资金出货，那就表明该区间为顶部，后期价格应当下跌才对。价格跌不下来就说明不是顶部，反推回来，第一次的放量便不是主力资金在出货。同时，价

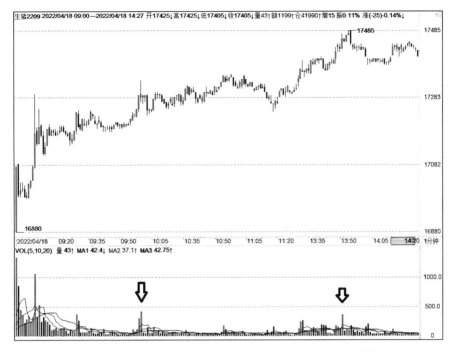

图6-22 生猪2209合约2022年4月18日1分钟K线走势图

格上涨至此，高点区域只在17280元一带，距离主力资金的持仓成本仅有180元的盈利空间。由于生猪期货的保证金较高，这点上涨幅度根本赚不到什么大钱，因此，主力资金出货的可能性并不大。

在第二个箭头处，至主力资金17100元的持仓成本已有了每手近400元的盈利。这样的盈利幅度说大不大、说小不小，只属于日内中等水平。不能说主力完全没有减仓或出货的可能，这个时候需要看一下放量的总体状况。从图6-22中可以看到，高位区间仅出现了一根K线的放量，随后成交量便又保持较为低迷的状态。早开盘期间的那一堆量能不可能在这么小的量能之中得到完全的置换。

从量能的角度来讲，该区间仍然不像是顶部区间，只不过价格已经有了一定时间、一定幅度的上涨，出现一轮时间较长或略有深度的调整也属正常。只要量能不在高位持续放量，形成大顶部的可能性就非常小。

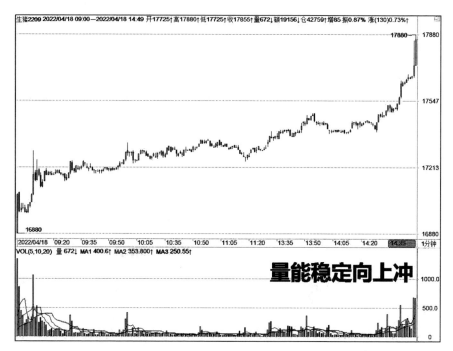

图 6-23　生猪 2209 合约 2022 年 4 月 18 日 1 分钟 K 线走势图

如图 6-23 所示，经过又一次较长时间的调整之后，价格于 14:20 开始重拾升势，再度向上，持续攀升。在价格上涨过程中，成交量终于出现了连续放大的完美迹象。资金在盘中折腾了这么久，终于要开始发力拉升价格了。

在成交量不断放大的过程中可以看到，量能的稳定性还是非常高的，整体保持着温和持续放大的状态。只要量能不快速萎缩，不突然出现异常量能，这种非常稳定的量能形态会对价格的上涨起到稳定的促进作用。量能不混乱，价格的波动也必然不会混乱。

不过有一点投资者一定要注意，时间已经到了 14:30，还有半小时就要收盘了。主力资金虽然会在盘中保持一定的仓位进行趋势性操作，但也必然会用一部分资金滚动操作，做做日内的大波段。因此，在还有半小时收盘的情况下，一旦价格上涨到一定高度，主力资金必然会在收盘前平掉日内的仓位，投资者一定要有这个心理准备。对于主力来讲，收盘前平仓并不影响第二天的操作。毕竟价格是由主力说了算，今天平掉了，明天若市场依然保持多头氛围，早盘期间继续建仓做多就可以了。这样一来，出局的资金没有隔夜风险，又可以在第二天顺利进行滚动操作，一举两得。

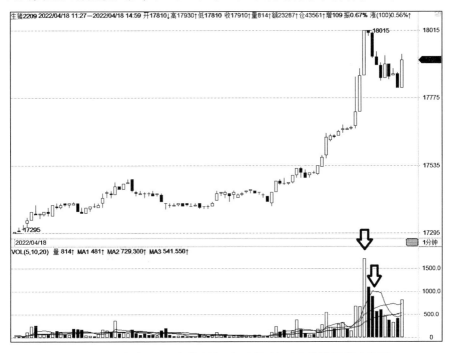

图 6-24　生猪 2209 合约 2022 年 4 月 18 日 1 分钟 K 线走势图

225

在图 6-24 中，价格上涨到尾盘阶段，成交量也出现了异常的量能状态。之前，以稳定的量能状态就可以推动价格收出大实体的阳线，而到了最后一根、最高的大阳线时，却需要近三倍的量能才能够推动出一样大小的实体，这就是量能的异常。按说更多的资金应当促使价格出现更大幅度的上涨，但现在更大的量能只能使价格保持与之前一样的上涨幅度，这就是抛盘增多的信号。

谁的资金可以促使成交量急剧放大？只能是主力的资金。再加上价格现在已经涨到了 18000 元左右，距离主力的持仓成本 17100 元，已有了很大的上涨空间。主力有什么道理不在临近收盘时趁着人气高涨大肆出货呢？巨量阳线出现之后，阴线的量能也明显变大。此时不管是上涨还是下跌，主力想的就是尽量多地抛出手中的多单。

早盘较大规模地建仓，直到尾盘才出货，主力非常有耐心地进行着运作。如果只根据技术形态进行分析，的确也可以抓住盘中的获利机会，但结合成交量进行综合分析，便可以将主力的进出意图看得明明白白，这岂不更有意思？

6.5　规规矩矩建仓，稳稳当当拉升

在黑色系板块中，纯碱也因为价格较低、所需要的每手保证金较少，跟玻璃一样非常适合小资金投资者交易。纯碱也属于波动稳定的品种，在成交量配合的情况下，技术形态都非常标准，而在无量时也跟玻璃一样，会出现杂乱无章的波动。这就决定了它也属于黑色系板块中的二线品种。

纯碱手续费较低，与我方合作的期货公司开户手续费为开仓 3.5 元，价格波动一跳便可以实现盈利。

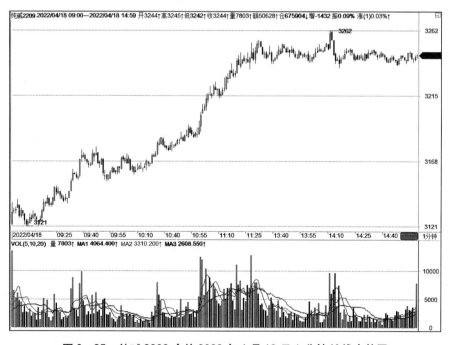

图 6-25　纯碱 2209 合约 2022 年 4 月 18 日 1 分钟 K 线走势图

在图 6-25 中出现了一轮持续上涨的行情，其间始终保持完美的量价

配合形态。操作二三线的品种，必须等到放量出现，才可以进行关注与操作。除非调整或反弹过程中出现缩量，否则只要价格的波动陷入无量的状态，它们的波动空间就会变得很小，无法带来可观的收益。

在具体操作的时候切记，主力资金可以在任何市场状态下发动一波短线行情，而想要发动持续一两个小时甚至更长时间的行情，就必须有当天市场环境的高度配合。从纯碱持续上涨的行情可以反推，这一天从早盘到下午，整体市场应当处于明显的多头状态，当天上涨品种的家数必定比下跌品种的家数多。持续性越长的行情，越需要当天市场环境的配合；从当天的市场环境又可以判断出目标品种是否有出现持续性行情的可能，有则长时间持仓、赚票大的，没有则做做小波段、随时落袋为安。

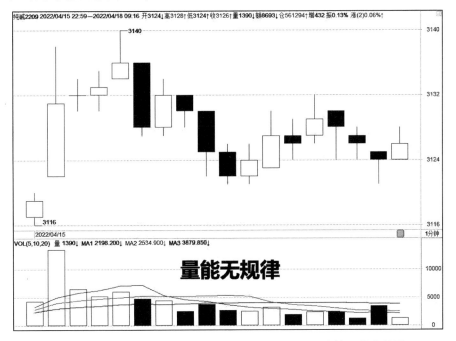

图 6-26 纯碱 2209 合约 2022 年 4 月 15—18 日 1 分钟 K 线走势图

在图 6-26 中，开盘之后价格的整体波动重心一直位于开盘后第一根 K 线的实体范围内，这是非常经典的早开盘无序震荡走势。对于波动稳定的品种，如果早开盘的 K 线没有明确位于首根 K 线上方或是下方，投资者就不要急于操作。什么时候方向明确了，价格彻底摆脱首根 K 线的实体范围了，好的机会才有可能到来。

在价格始终在首根 K 线实体范围之内波动时，成交量也长时间保持萎缩的状态，根本没有出现连续放量现象。显然，主力资金并没有在早开盘期间进行积极的操作，也许是在等待市场环境的配合。主力资金不入场，便没有好的机会。二线波动稳定的品种在缩量状态下，一定不要过早地入场操作。

图 6 -27　纯碱 2209 合约 2022 年 4 月 18 日 1 分钟 K 线走势图

在图 6 -27 中，开盘震荡一番之后，随着价格创出早开盘期间的新高，成交量也出现了温和放大的迹象。9:15 的放量属于温和放量，说明虽然主力资金入场了，但入场资金并不多，所以无法促使大行情出现。

调整回踩到早开盘时的高点之后，价格继续上涨并且成交量进一步放大。放量越连续，说明主力资金建仓行为越持续；放量持续的时间越长，意味着主力建仓数量越多，这样行情才有可能走得越远。在关注放量上涨走势的时候，一定也要对缩量调整进行分析。早盘期间每一次的调整，都伴随着缩量的现象，说明资金一直在向场中沉淀，没有任何离场的迹象。

一波上涨之后，价格出现了放量调整的走势。这是主力资金在出货吗？从主力的持仓成本位推断，这个点位根本没有什么盈利空间。既然排除了放量是主力资金出货的嫌疑，那么，要么是主力资金接下了所有的抛盘，要么是市场中其他大户投资者在进出。只要调整时成交量没有连续性放大，偶尔一两根放量阴线也是可以接受的。

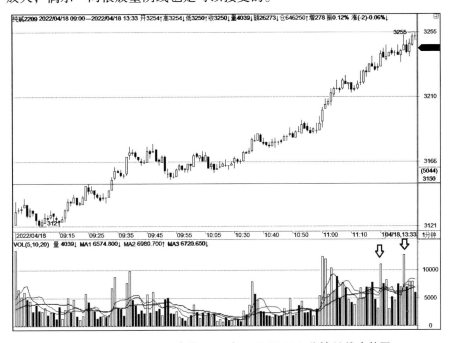

图6-28　纯碱2209合约2022年4月18日1分钟K线走势图

在图6-28中，分析前一个小时的量价配合形态，取第一轮放量区间的价格中线进行计算，可以得知主力的平均持仓成本在3150元。通过成交量的变化判断主力的持仓成本非常重要。一来可以监控主力的盈利状况。在主力大幅获利的时候，只要量价出现异常就可以执行止盈出局计划，以此回避风险。二来可以结合主力持仓成本，寻找在该成本附近的各种介入点。这些介入点距离主力持仓成本很近，风险很小，可以帮助投资者把握机会。

建仓之后，在价格上涨过程中始终保持较为经典的量价配合形态。要么是调整区间成交量持续萎缩，价格低点不断抬高；要么是成交量连续稳定放大，推动着价格快速上涨。在这些稳定的量能形态的促进下，价格上涨的行情也在不断延续。这再一次向投资者证明了价格波动的重要规律：量能稳定则价格稳定。

　　上涨到高位之后，价格距离主力的平均持仓成本已经有了近 100 点的涨幅，盈利的幅度已经非常大了。同时在高位区间，成交量还出现了突然放量之后快速缩量的现象。这又该如何解读呢？

　　由于在市场整体多头氛围的促进下，价格上涨行情延续的时间较长，主力并没有急于大规模出货，而是采取了高位分批减仓的操作——买盘踊跃便卖一些减减仓——同时并不影响借助市场的多头氛围继续做多。虽然有主力减仓的迹象，但由于成交量并没有集中放大，阴线的实体也都比较小，因此投资者可以继续持仓，或是随主力一起进行减仓操作。不见标准的量价风险来临信号，便没必要大幅降低仓位。

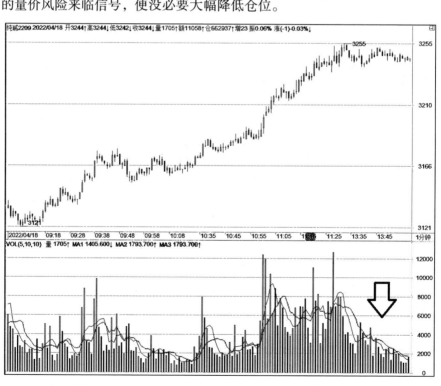

图 6-29　纯碱 2209 合约 2022 年 4 月 18 日 1 分钟 K 线走势图

　　在图 6-29 中，主力高位减仓操作的迹象出现之后，随着调整的延续，成交量再度形成了持续萎缩的状态。此时的缩量调整也验证了主力资金之前的操作只是减仓。

缩量也可能意味着主力资金已经出货完毕，但"量价分析不离家"，不能只看成交量的变化而忽略价格。如果主力已经出货完毕，那价格必然会下跌。没有主力的维持，价格又怎么可能一直保持在高位？但在缩量区间，价格却始终跌不下来，显然背后必定有主力资金在维持。主力资金仍然愿意维持价格的稳定，就表示风险并没有到来。

只有将价格的形态与成交量的大小结合起来进行分析，结论才会更接近事实。既然没有主力大规模集中出货的迹象，投资者就可以在缩量走势中继续持仓。但毕竟价格涨幅已大，需要做好风险突然到来的准备。只要价格收出大实体的阴线，或是上升趋势转为下降，不管成交量有没有放大，都应当赶紧进一步降低仓位或是清仓出局。

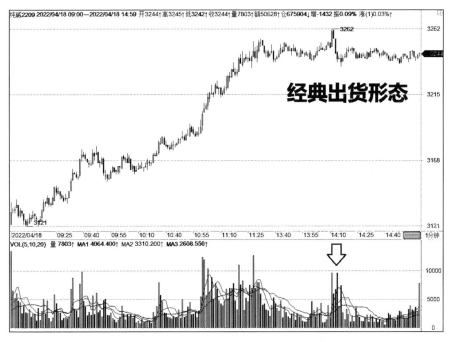

图 6-30　纯碱 2209 合约 2022 年 4 月 18 日 1 分钟 K 线走势图

在图 6-30 中，价格高位缩量横盘震荡一段时间后，又一次向上创出了新高。但刚刚创出新高，价格便出现了快速的回落，于高位形成了一次假突破的走势。高位的假突破十有八九是主力在出货。在调整区间，投资者由于担心价格会调着调着变成下跌，并不愿意在调整低点介入，而更愿意在价格创出新高时入场，因为新高一旦出现便意味着新一轮上涨行情的到来。创新高的点便是突破介入点，跟风买进的数量是有保障的，这本身也是一种常规的操盘手法。

但毕竟主力此时已经获利颇丰，面对这么多买盘突然到来，主力也改变了操作手法。同样的价格，之前不出货，此时却开始积极出货。先是放量大阳线诱多，吸引买盘入场，而后便大肆出货，从而使得上涨与下跌都伴随着密集的放量。低成本的放量在高位得到了置换。

主力在该区间出货其实也是有先兆的。之前阳线的量能突然放大了两次，就是主力资金减仓的信号。减仓便意味着收益达到了主力的预期。由于后期一些因素发生了变化，主力改变了交易策略并在此区间积极出货，这样的操作也非常正常。无论是谁，都要根据当前的形势随时调整操作的手法。之前不出货，并不代表现在不出货。

低位放量带来的是机会，而高位密集放量带来的则是风险。要么是主力资金在积极地撤退，要么是空方资金在大举杀入跟之前的主力对着干，无论是哪种情况，都必然会对当前的上涨行情产生破坏性作用。因此，在高位密集放量并收出大实体阴线的时候，投资者一定要及时清仓。

量价配合进行分析的好处就是，可以根据价格的不同位置判断主力资金的进出意图，作出种种假设，然后逐一排除，无法排除的结论便最贴近市场真实情况，投资者可以据此指导操作。对脱离成交量的变化进行分析完全没有问题，绝不会影响操作，但结合成交量因素可以将价格的波动性质看得更加透彻。

若各位读者朋友对本章内容有技术上的疑问，可联系笔者团队进行交流（微信：18588880518，QQ：987858807），以使您的学习不留疑点、难点。让我们一起进步！

后记　无形团队服务介绍

看到这里，再次感谢各位读者朋友的支持，希望本书中的内容您已完全理解并开始用于实战，更希望在本书实战技巧的帮助下，您的获利捷报频传！

笔者自 2003 年推出第一本投资技巧类图书至今，已陆续出版了近四十本证券及期货类专著，丛书的实战性和实用性得到了广大读者朋友们的认可。书中所载的各种日内投机操盘技巧通俗易懂、便于操作，指引笔者实战团队和读者朋友在投资实战中屡创佳绩，成为许多期货投资者实战操作中的"利器"。

笔者的团队还为各位读者朋友提供以下服务，若有需要您可随时与我们联系。

一、福利期货开户服务

此服务旨在利用我方优势，帮助投资者把期货交易成本降到最低。在我方合作的期货公司开户，即是为自己省钱。

在我方合作的期货公司开户后，您的手续费便是交易所标准手续费，期货公司 0 附加①。"出厂价"的手续费没有中间商赚差价，同时还可申请交易所保证金，以进一步提高资金利用率。让您的资金交易成本直降到底，与其他投资者在起跑线上拉开最大的差距。

---

① 期货总手续费＝交易所手续费＋期货公司手续费，期货公司手续费越低，客户总手续费才越低。期货手续费标准为交易 1 手合约的手续费，收取方式分为固定金额手续费、成交金额万分比（按合约价值万分比计算）计算两种。

此外，我方还将免费为开户的朋友们提供以下服务：开户后交易达标，提供每周至少一次的"开户专项培训"服务，帮助大家提高自己的操盘水平；累积一定成交总量，还可置换指定的内部培训课程视频，更多干货、更大提高；开户后交易达标，报销各软件使用费用，进一步降低投资者交易成本。

以下为各期货品种交易所收费标准，即您开户后的手续费标准［若因交易所原因提高或降低手续费的，则同步进行调整。数据截止日期为2022年4月22日（笔者交稿前的最后一个交易日）］。

上海期货交易所活跃品种手续费：铜万分之0.5（双边①，平今②2倍）、国际铜万分之0.1（单边③）、铝3元（双边）、锌3元（单边）、铅万分之0.4（单边）、镍及锡3元（双边）、黄金2元（单边，主力10元）、白银万分之0.1（双边，主力万分之0.5）、螺纹钢及热卷万分之1（双边）、不锈钢2元（单边）、原油20元（单边）、燃料油万分之0.1（双边，主力万分之0.5）、沥青万分之1（双边）、橡胶3元（单边）、纸浆万分之0.5（单边）。股指期货万分之0.23（双边，平今万分之3.45）。

大连商品交易所活跃品种手续费：豆一2元（双边）、豆二1元（双边）、豆粕1.5元（双边）、豆油2.5元（双边）、棕榈油2.5元（双边）、玉米1.2元（双边）、玉米淀粉1.5元（双边）、鸡蛋万分之1.5（双边）、生猪万分之2（双边，日内万分之4）、聚乙烯1元（双边）、PVC 1元（双边）、聚丙烯1元（双边）、苯乙烯3元（双边）、焦炭万分之1（双边，日内万分之1.4）、焦煤万分之1（双边，日内万分之1.4）、铁矿石万分之1（双边）、乙二醇3元（双边）、液化气6元（双边）。

郑州商品交易所活跃品种手续费：苹果5元（双边，平今20元）、棉花4.3元（单边）、红枣3元（双边）、玻璃6元（双边）、甲醇2元（平今6元）、菜籽油2元（双边）、短纤3元（双边）、花生4元（双边）、菜粕1.5元（双边）、纯碱3.5元（单边）、硅铁及锰硅3元（单边）、白糖

---

① 即无论隔天还是日内平仓，开仓、平仓都收取手续费。
② 指期货的卖家或买家对当天买入或卖出的合约进行交易。
③ 即日内交易只收开仓手续费，当天平仓手续费为0元。

3 元（单边）、PTA 3 元（单边）、尿素 5 元（双边）、动力煤 150 元（双边）。

二、实战培训服务的方式

（一）一对一高端面授课程

旨在改变投资者错误的交易习惯，树立起正确的操作理念，建立高度可复制的、适合自己财产状况与满足自己交易喜好的操盘模式。高端培训均以一对一的方式进行。在与学员充分沟通、了解学员以往全部交易状况与未来发展意向后，有针对性地制定课程内容，以使学员获得最佳学习效果。

一对一高端面授课程学习方式：

第一步，报名后，先行自学统一内容的视频课程，并按视频课程中的方法进行至少两周的实战操作，积累交易经验，总结技术上的问题。针对操作状态混乱的学员，会在此阶段制订实战训练计划，学员学习与交易达标后，进入下一环节的学习与训练。

第二步，一对一面授学习。当面了解学员前期的学习与操作状况，为学员量身定制培训课程。此课程因每位学员的状况不同而不同，旨在更全面地建立与完善学员自己的盈利模式。

第三步，面授学习之后，将根据学员的学习状况制订新的操盘训练计划。此阶段学员需要与老师进行沟通，随时调整学习与训练计划的内容，直至学员完全实现独立、持续且稳定的获利。

（二）网络直播实盘课程

旨在帮助更多的投资者更便捷地学习期货交易技巧。网络直播课程的课程设置丰富且全面，能完善投资者的交易体系，提升投资者的操盘技能。最新一期的网络直播课程可随时向助教咨询索取。

二十年来，无形主讲过的培训达数千场次，其中实战面授培训 300 余场次，网络视频培训数千场次，累计培训超十万人，使大量投资者改变了之前错误的操作理念和方式，走上了持续且稳定的盈利正道。

235

三、微信公众号每天免费学习服务

我方微信公众号"股期大讲堂"每天会为投资者更新学习资料，文字教学、视频教学、投资理念、投资技巧、市场强势品种公布等应有尽有，帮助大家打好基础，形成正确的投资理念，掌握基本正确的操作方法。

在投资领域，我的团队始终坚持谦虚、谨慎、稳健和长久获利的原则，愿与投资者交流经验，分享技巧，畅谈投资心得，更愿意帮助所有投资者实现财富梦想。

笔者团队联系方式：

手机和微信：18588880518；

QQ：987858807（李助教）；

微信公众号：搜索"股期大讲堂"或扫描下方二维码。

无　形

2022 年 4 月 25 日